本书系国家社科基金重大研究专项"'一带一路'沿线国家信息数据库"(项目批准号：17VDL001)成果。

国家智库报告 2020（8）
National Think Tank
人大国发院·国别研究系列

印度经济改革与宏观稳定研究

冯俊新 著

INDIA' ECONOMIC REFORM
AND MACROECONOMIC STABILITY

中国社会科学出版社

图书在版编目(CIP)数据

印度经济改革与宏观稳定研究/冯俊新著. —北京：中国社会科学出版社，2020.1

（国家智库报告）

ISBN 978 – 7 – 5203 – 5870 – 5

Ⅰ.①印⋯　Ⅱ.①冯⋯　Ⅲ.①经济改革—研究—印度 ②宏观经济—经济稳定—研究—印度　Ⅳ.①F135.1

中国版本图书馆 CIP 数据核字（2019）第 292082 号

出 版 人	赵剑英
项目统筹	王　茵
责任编辑	范晨星
责任校对	闫　萃
责任印制	李寡寡

出　　版	中国社会科学出版社
社　　址	北京鼓楼西大街甲 158 号
邮　　编	100720
网　　址	http://www.csspw.cn
发 行 部	010 – 84083685
门 市 部	010 – 84029450
经　　销	新华书店及其他书店
印刷装订	北京君升印刷有限公司
版　　次	2020 年 1 月第 1 版
印　　次	2020 年 1 月第 1 次印刷
开　　本	787×1092　1/16
印　　张	9.25
插　　页	2
字　　数	95 千字
定　　价	48.00 元

凡购买中国社会科学出版社图书，如有质量问题请与本社营销中心联系调换
电话：010 – 84083683
版权所有　侵权必究

"人大国发院·国别研究系列"
编委会

编委会主任 刘元春

编委会副主任 严金明　时延安　岳晓勇

编委会成员（排名不分先后）

　　杨光斌　时殷弘　陈　岳　金灿荣　宋新宁

　　蒲国良　陈新明　关雪凌　黄大慧　张勇先

　　金　鑫　杨　恕　王　振　戴长征　孙壮志

　　王逸舟　陈志瑞

总　序

许勤华[*]

中国人民大学国家发展与战略研究院"一带一路"研究中心集中国人民大学国际关系学院、经济学院、环境学院、财政金融学院、公共管理学院、商学院、社会与人口学院、哲学院、外国语学院和重阳金融研究院的相关人文社科优势学科团队，由许勤华教授、陈甬军教授、王义桅教授、王文教授、戴稳胜教授和王宇洁教授六位首席专家领衔，与中心其他成员共二十位研究员一起，组成了中国人民大学国家高端智库领导下的全校"一带一路"研究的整合平台和跨学科研究团队。

团队围绕"一带一路"建设与中国国家发展、"一带一路"倡议对接沿线国家发展战略、"一带一

---

[*] 许勤华，项目执行组长，中国人民大学国际关系学院教授，中国人民大学国家发展与战略研究院副院长、"一带一路"研究中心主任。

路"倡议与新型全球化、"一带一路"倡议关键建设领域四大议题（基础设施投资、文明互鉴、绿色发展、风险治理、区域整合）展开研究。致力于构建"一带一路"沿线国家信息数据库，并在大数据基础上，深入分析沿线国家政治、经济、社会和环境变化，推出"一带一路"智库丛书年度国别系列，为促进"一带一路"建设夯实理论基础、提供政策制定的智力支撑。国别报告对"一带一路"沿线关键合作的64个对象国进行分类研究，规划为文化系列、安全系列和金融系列三类。

习近平主席倡导国与国之间的文明互鉴，强调了文化共融是国际合作成败的基础，深入了解合作国家的安全形势是保障双方合作顺利的前提，资金渠道的畅通是实现"一带一路"建设共商、共建、共享的关键。鉴于目前中国面临世界百年未有之大变局，"一带一路"倡议面临着巨大的机遇与挑战，因此我们首先完成国别研究的安全系列，希冀为"一带一路"合作保驾护航。在国家社科基金重大项目"'一带一路'沿线国家信息数据库"（项目组长为刘元春教授）完成后，数据库将在条件成熟时，尝试以可视化形式在国发院官网呈现。这也是推出国别报告正式出版物的宗旨。国发院积极为国内外各界提供内部政策报告以及产学研界急需的社会公共研究产品，是中国人民大学作为"世界一流大学"为国家社会科学建设贡献的一分力量。

感谢全国哲学社会科学工作办公室的信任,感谢项目其他两个兄弟单位上海社会科学院和兰州大学的协作,三家在"一带一路"建设重大专项国别和数据库项目研究中通力合作、充分交流,举办了各类学术交流活动,体现了在全国哲学社会科学工作办公室领导下一种成功的、新型的、跨研究机构的合作研究形式,中国人民大学能够作为合作研究的三家单位的秘书处单位深感荣幸。

前　言

（一）印度对于"一带一路"倡议的意义

印度洋周边地区是"一带一路"倡议的重点区域。不管从历史文化传承，还是现实经贸活动来看，印度都是该地区无法忽视的力量。此外，作为除中国以外，世界上仅有的另一个十亿人口级国家，印度也是中国经济外交中无法绕开的国家。

在历史上，印度沿海是海上丝绸之路的重要组成部分，今天也依然充满"重新谱写海上丝绸之路"新篇章的机会。现实中，孟中印缅合作也是中国西南方向对外开放的重要通道，而且对于区域经济稳定和互联互通发展具有重要意义。

在中国推进"一带一路"倡议的过程中，印度表现出了非常矛盾的态度，在口头上绝不松口，在行动上又没有实质性拒绝。一方面，印度认为自己的地缘政治和区域经济优势将会被"一带一路"倡议所削弱，因此在官方层面找出了各种理由，一直不愿意直接参与"一带一路"倡议，还提出了印度主导的"季风工程"计划来作为回应；但另一方面，印度经济发展仍未能完全摆脱发展中国家普遍面临的宏观经济安全困境，不时遭遇"双赤字"（财政赤字和经常项目赤字）问题所带来的危机，为实现可持续发展，印度经济亟须加强基础设施建设，而这又离不开外部支持，因此印度对于"一带一路"倡议相关项目又采取了实质性参与的态度。

对于中国来说，印度经济发展也具有重要的意义。

从"一带一路"的视角来看，印度是"一带一路"沿线国家中最具增长潜力的市场。一方面，虽然屡次遭遇宏观经济困境，印度仍然是经济增长韧性最强的主要新兴经济体。如果印度能够通过更为彻底的经济改革实现其未来的经济发展潜力，将会成为"一带一路"沿线国家中未来增长潜力最大的国家，在各种基础条件满足的情况下，印度也有望成为中国企业海外投资的重要目的地。

从全球性的视角来看，中美印三国间经济关系的演变，对未来全球经济格局的变化具有举足轻重的作用。2018年，按照购买力平价计算，印度已成为中国和美国之后的世界第三大经济体。金融危机以来的十年里，中美印三国是对全球经济增长贡献最大的国家。而根据普遍预测，在今后的很长一段时间里，以购买力平价GDP计算，中国、美国和印度将会长期成为世界上经济规模最大的三个国家，也会长期成为对全球经济增长贡献最大的国家。随着中印两国的同时崛起，中印经济关系的重要性在未来将不断提高。

2020年既是中印建交70周年，同时也是中印人文交流年。作为世界两大文明古国和当今两个最大的发展中国家，不管是从历史文化层面来看，还是从现实的经济发展战略来看，两国存在着进行沟通对话和战略对接的巨大潜力。

（二）研究印度经济改革的意义

本报告着重研究印度的经济改革，通过对1991年以来的印度经济改革进行一次粗线条的描述，试图挖掘印度这个发展中大国的宏观经济规律，从而帮助我们更好地理解印度的经济发展战略，并更好地把握住中印的潜在合作机遇。

自从独立以来，印度经济取得了重大发展。1950—2018年，印度年均GDP增速为5%；尤其是1991年以来，年均GDP增速更是高达6.6%。在其发展过程中，印度经济为应对外部环境的各种变化和内部发展的各种压力，历经多次重要变革。印度在1991年国际收支危机中开启的经济改革是印度经济发展的重要转折点，其对印度经济发展以及发展中国家经济改革的意义不亚于中国始于1978年的改革开放。在全面经济改革开启后，历届印度政府面对各种改革阻力时，一方面对改革政策进行调整以保持稳定，另一方面大体保持了经济改革的大方向不变。

在分析印度经济时，可以发现其微观层面的多元化和宏观层面的"三高"现象是两个显著特征。

从微观角度来看，多元化是印度经济的最重要特征之一。这里既有自给自足的传统小农经济，也有处于世界领先水平并与全球经济紧密联系的软件技术、生物制药等现代产业；这里既有曾经延续60多年的"五年计划"，也有发展中国家里最活跃的资本市场；此外，不同区域的发展差异，以及联邦政体带来的政治格局特征，也给印度经济增添了几分复杂性。

从宏观角度来看，印度经济依然具有典型发展中经济体的许多特征。印度经济依然存在发展中经济体常见的"三高"现象，即高财政赤字、高贸易赤字和高通货膨胀，这三者之间的相互作用使得印度经济在受到外界冲击时容易出现较大波动，甚至陷入宏观经济困境。虽然一系列的改革使得上述问题得到了程度不一的改善，但对印度宏观经济指标的仔细观察会经常发现印度经济的脆弱性。人们往往在称赞印度是新兴经济体增长明星的同时，又时刻提醒这个国家可能面对的潜在危机。

这两个特征对于我们理解印度的经济改革有着重要意义。一方面，改革往往是在宏观经济陷入困境的时候展开的，因此改革措施必须从宏观上快速改变印度经济的宏观脆弱性；另一方面，为了适应微观层面的多元化，改革又必须谨慎推进，这又导致宏观层面的问题得不到根本解决，为下一次宏观经济困境埋下伏笔。这两种力量之间的角力过程有助于我们理解印度经济改革的艰难历程。

总的来说，本报告的目的是试图对1991年以来的印度经济改革进行一次粗线条的描述。作为一个人口超过10亿的发展中大国，印度经济改革的复杂性毋庸多言，在一本短短几万字的小书中，即使是粗线条描述也觉得篇幅远远不够。因为印度经济的巨大规模和复杂性，使得笔者在对这头大象进行研究的时候，经常会产生盲人摸象的感觉。虽然已做出了很大努力，但仍然是挂一漏万，已经能触及的部分肯定还不到这头大象的几分之一；加之笔者的相关专业背景，可能更多关注的是宏观经济层面的改革措施，而对于其他同样重要的因素着墨过少。因此，本报告并不应该被视为对印度经济改革的完整总结，而仅仅应看作今后对于印度经济改革一系列研究的基础和起点。

本报告的出版离不开笔者所在单位的大力支持。感谢中国人民大学"一带一路"研究团队的精诚合作，感谢清华大学陆洋研究员给本报告初稿提出的宝贵意见。此外，本报告的写作还要感谢徐晟、王雅清、康雪莹等同学出色的助研工作。

本报告的结构如下：第一部分对印度经济发展的基本情况进行介绍。其后各章以1991年经济改革为中心点展开分析。第二部分简单介绍印度全面经济改革的背景，即从印度独立到1991年全面改革前，印度经济发展模式的变迁。第三部分对1991年改革的直接原因、措施和直接后果进行分析。1991年改革虽然取得了巨大成功，但也造成了一些社会后果，并遗留了一些根本性问题没有触及，此后历届印度政府为解决这些遗留问题而对改革进行了调整，但整体上依然保持了改革的基本方向。我们接下来在第四部分中对1998—2014年间瓦杰帕伊和曼·辛格两任总理的改革措施进行介绍，并在第五部分对2014年莫迪上台以来的经济改革措施及其愿景进行了分析。最后，第六部分总结了印度经济改革的启示及其改革过程中面临的主要问题。

摘要： 印度是"一带一路"倡议沿线的重要国家。对于印度经济发展战略的研究有助于我们辨明其对"一带一路"倡议的看法。从1990年代开启的全面经济改革是印度经济研究中不可回避的重大事件。本报告试图对1991年以来的印度经济改革进行一次粗线条的描述，以时间为主线，对印度经济改革和印度宏观经济安全之间的关系进行分析。跟很多发展中国家类似，印度面临着高财政赤字、高贸易赤字和高通胀的"三高"症状，虽然通过经济改革让宏观经济指标有了很大改善，但在不利内外部环境的冲击下，"三高"现象依然频频导致印度宏观经济陷入困境。作为一个大国，各种内部约束因素使得改革必须稳步推进；但渐进改革的性质又使得改革过程中必须面对不断出现的宏观经济安全问题。尽管面临各种问题，但印度经济在市场化和全球化的改革大方向上保持了基本不变；如果能在政治格局稳定的情况下加速推进更为艰巨的结构性改革措施，印度经济有望进入新的发展阶段，而中国的"一带一路"倡议对于印度维持宏观经济稳定具有重要意义。

关键词： 印度经济；经济改革；宏观经济稳定

Abstract: India is a key country for implementing the Belt and Road Initiative. Studying India's economic development strategy will help us understand India's standpoint towards the Initiative. Economic reform since the 1990s is a key issue in the history of India recent economic development. This report tries to give a brief review on India's economic reform from 1991 until now. Especially we focus on the relationship between economic reform and macroeconomic stability. Like many developing economies, India faces the triple phenomena of high fiscal deficit, high current account deficit and high inflation. This macroeconomic weakness, when combined with external or internal shocks, leads to macroeconomic troubles frequently. As a large economy, economic reforms have to be pushed under various internal restrictions, and thus be implemented step by step. But the gradualism strategy itself usually means more exposure to macroeconomic instability. Although facing a series of difficulties, India's economic reform keeps on the right track of marketization and globalization. If India government could utilize its political strength to push the more difficult structural reforms in factor markets, India's economy will enter a new phase of development, and China's Belt and Road Initiative will help India in realizing macroeconomic stability.

Key Words: India's Economy, Economic Reform, Macroeconomic Stability

目 录

一 印度经济的基本概况 …………………………（1）
　（一）印度宏观经济概况…………………………（2）
　（二）印度宏观经济的结构性变化 ………………（6）

二 1991年以前的印度经济发展和改革尝试 …………………………………………（11）
　（一）影响印度经济发展的历史文化因素 ……（11）
　（二）1950—1970年代的印度经济发展历程 ………………………………………（14）
　（三）1980年代的初步经济改革及其后果 ……（18）

三 1991年改革：拉奥政府经济改革 …………（23）
　（一）国际收支危机原因分析：结构性弱点与短期冲击 ……………………………………（23）

（二）1991 年危机后的改革措施 …………………（29）
（三）1990 年代中后期：财政整顿与
　　　国际收支调整 ………………………………（36）

四　1998—2014 年：经济改革的深化和
　　调整 ……………………………………………（45）
（一）1998—2014 年的宏观经济表现 ……………（46）
（二）1998—2004 年：瓦杰帕伊政府时期的
　　　加速改革 ……………………………………（50）
（三）2004—2014 年：曼莫汉·辛格政府时期的
　　　改革深化和调整 ……………………………（52）
（四）财政部门和对外部门改革 …………………（54）

五　2014 年至今：莫迪政府的改革愿景 ………（61）
（一）经济领域主要改革措施 ……………………（62）
（二）印度经济改革的核心障碍分析 ……………（74）
（三）莫迪政府经济改革的未来展望 ……………（80）

六　印度经济改革启示及其问题 ………………（88）
（一）印度经济改革启示 …………………………（89）
（二）印度经济改革面临的主要问题 ……………（96）

七　结论 …………………………………………（103）

附录 ………………………………………………（115）

参考文献 …………………………………………（122）

一　印度经济的基本概况

印度经济在世界上占据重要地位。按照购买力平价和汇率衡量，印度经济规模分别位列世界第三和世界第六（2017年数据），并且是世界主要大国中增长速度最快的经济体之一。自金融危机以来，印度经济增长对全球增长的贡献率仅次于中美两国，并且成为世界上吸引外商直接投资最多的国家之一。印度经济的这些表现说明，印度经济改革是主要经济大国中最为成功的案例之一。

通过对印度各项经济指标的分析可以发现，1991年是印度经济发展中具有里程碑意义的一年，这一年开启的全面经济改革打开了印度经济的新篇章。从1991年以来，虽然经历了一些波折，但印度经济一直在持续进行调整，各项改革不断推进，印度经济也发生了各种深刻的结构性变化。下面分别从宏观经济的整体性指标和结构性指标出发，对印度经济从独立以来的表现进行总结。这些基础分析将为我们后面对经济改革的分析提供一个大致框架。

（一）印度宏观经济概况

通过对印度1960年以来的GDP增长率变化情况进行分析，可以明显发现1991年是一个重要转折点。1991年以前，经济增长率的波动幅度很大，且整体增长率较低，呈现低均值高方差的特征，并经历了多次负增长；1991年以后，经济增长波动率有所下降，整体增长率有所提高，呈现出高均值低方差的特征，而且人均GDP增速再也没有出现过负增长的情况。（见图1-1）

从1947年独立到1980年代初的30多年间，印度经济虽然整体上维持增长，但是这一古老的东方大国却饱受"印度式增长速度"（Hindu Rate of Growth）的困扰。在这一时期，虽然经济长期来看取得了一定增长，但是增长率的波动很大。这一时期，GDP的平均增速只有3.5%，人均GDP增速更是只有可怜的1.5%。虽然经济建设取得了一定成就，但印度经济一直没有摆脱低水平增长。1980年代，在初步经济改革政策指导下，印度经济首次取得了连续10年的增长，但是这种增长势头在1991年的国际收支危机中戛然而止。

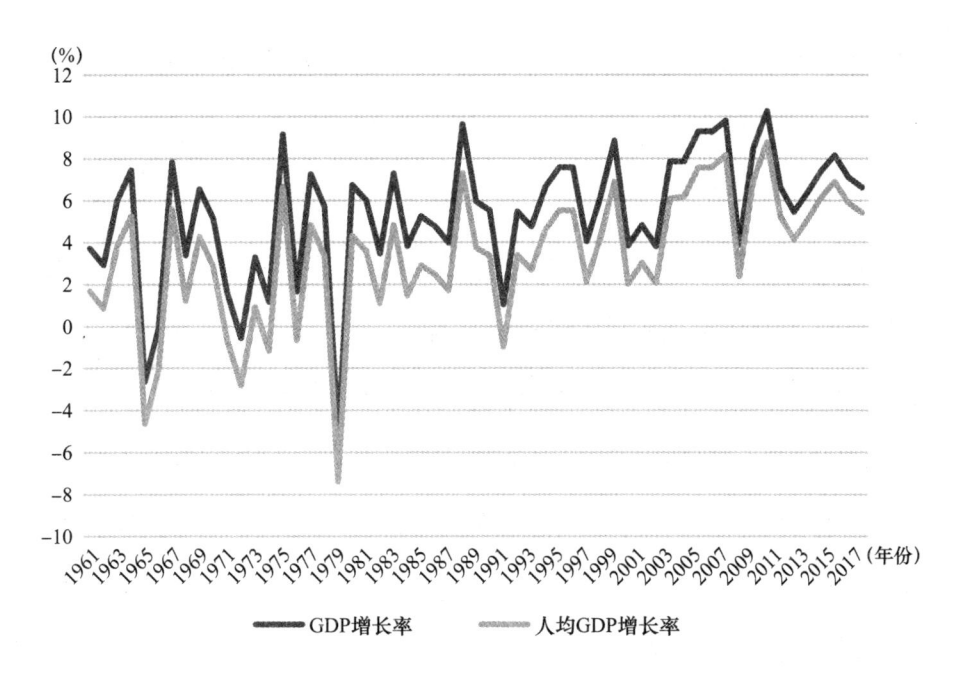

图 1-1 印度经济增长表现（1961—2017 年）

资料来源：WDI 数据库。

在 1991 年危机后，印度开始了以市场化和全球化为导向的经济改革。从那时以来，印度经济取得了近 30 年的持续增长，尤其是近几年来经济增速不时超过中国，成为主要经济体中经济增速最快的国家。虽然在 1990 年代晚期的东亚金融危机以及 2008 年的国际金融危机中，印度经济增速有所放慢，但未再出现经济衰退，人均 GDP 即使在危机时期依然保持了 2% 以上的增速。改革后的第一个十年间，印度平均 GDP 增长率上升至 6.0%，一跃成为经济发展最快的新兴经济体之一。印度经济增长的两个黄金时期分别是 2003—2007 年和 2009—2012 年，两个时期的平均经济增速都达到了9%。在宏观上来看，按照购买力平价来衡量，印度已成为仅次于中美两国的世界第三大经济体，并且成为对全球经济增长贡献第三大的经济体。从微观上来看，印度在很多产业上表现突出，印度已经成为世界上最大的软件外包提供国，世界第二大手机生产国，世界上仅有的三个钢产量过亿吨的国家之一，世界第四大汽车生产国。近年来，印度一跃成为发展中国家里仅次于中国的第二大外商直接投资目的国。总之，自1991年开展全面经济改革以来，印度经济取得了非常辉煌的成就。

但是在经济高增长的背后，印度经济中依然存在许多发展中国家的突出特点，主要表现为财政和贸易"双赤字"现象的长期存在，这暴露了印度经济的潜在隐忧。图1-2显示了1980年以来印度经常项目赤字和财政赤字占GDP的比重。通过对比可以发现，在1991年改革前后，财政赤字现象并没有明显改进，经常项目赤字却在改革后曾经在相当长一段时间内取得了改善。经常项目在2002—2004年取得顺差，但是逆差在2005年以后重新出现并在近年来有所加大。由此可见，经济改革虽然降低了印度经济增长的波动性，并使得经济增长的平均速度大幅提高，但这并未改变印度经济上述"双赤字"的特征。长期财政赤字的背后，政府只能通过制造高通胀来维持政府债务可持续性，从而形成了财政赤字货币化的现象;但高通胀现象又扭曲了投资和储蓄行为,从而影响了经济长期增长潜力。长期的经常项目赤字,意味着印度严重依赖外资流入来维持本国投资增长,从而加大了印度受到国际金融冲击的风险。虽然印度在过去20年中也积累了大规模的外汇储备,使其应对外部冲击的能力有所提高,但在2008年国际金融危机和2014年美联储货币政策转向两个事件中,当出现对新兴经济体资本流入的突然逆转时,印度的宏观经济表现都受到了较大影响。

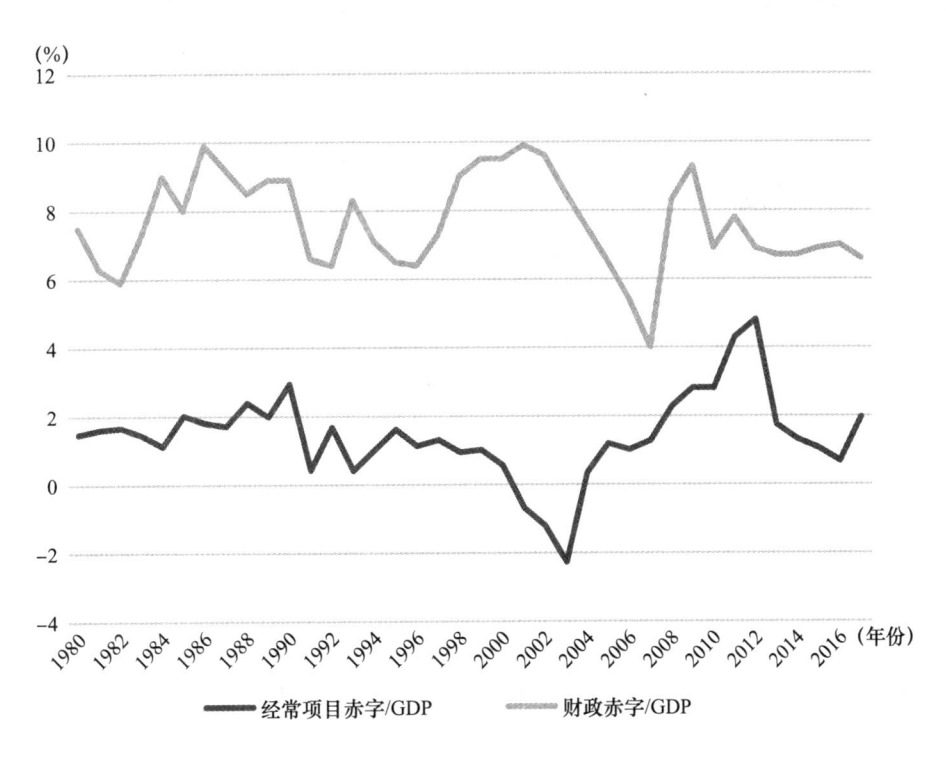

图 1-2 印度的经常项目赤字和财政赤字

资料来源:印度央行。

（二）印度宏观经济的结构性变化

在宏观经济指标以外，我们再对印度经济的结构性变化进行分析。我们分别从生产法和支出法 GDP 核算的视角来研究印度经济的结构变化。

从生产法视角来看，印度三大产业在经济中的比重变化如图 1-3 所示。在 1980 年代以前，第一产业权重的下降主要体现为第二产业权重的上升，也就是说在印度经济发展的前 30 年，主要体现为工业对农业

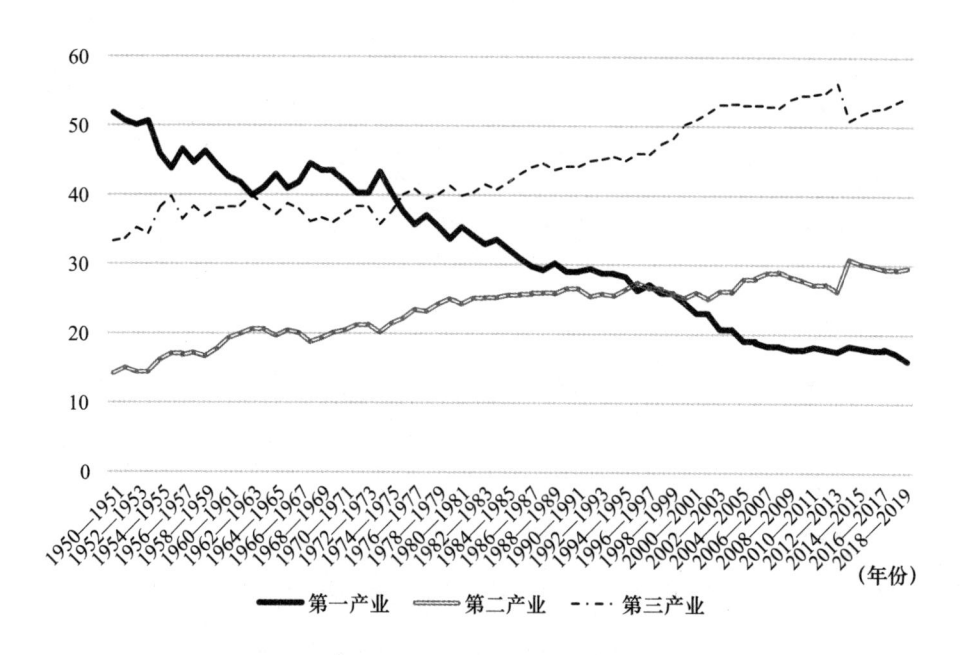

图 1-3 生产法视角的印度经济结构转变

注：资料来源于印度央行，2013—2014 年度第二产业和第三产业权重的大幅变化由当年国民核算方法的调整导致。

的替代；在 1980 年代以后，尤其是 1991 年经济改革以来，第一产业权重的下降主要体现为第三产业权重的上升，这个时期产业结构变化主要体现为服务业对农业的替代。

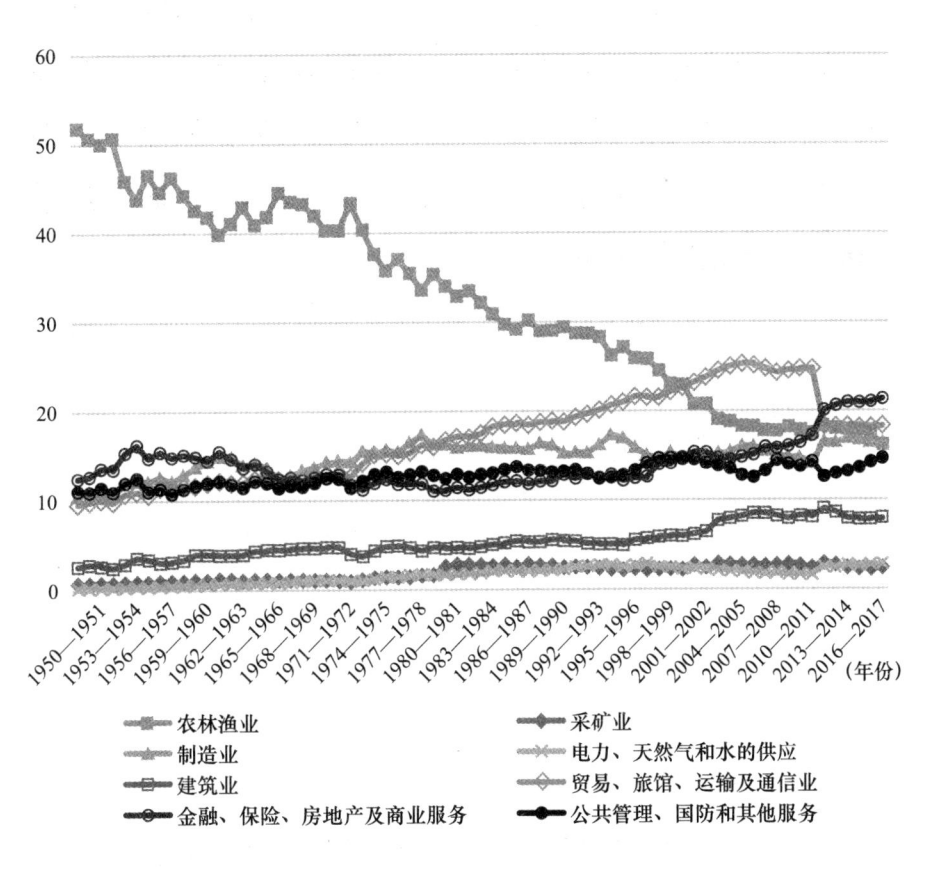

图 1-4　细分行业下的印度经济结构转变

注：数据来源于印度央行，2013—2014 年度某些行业权重变化由当年国民核算方法的调整导致。

更加细分的产业结构分析，能够让我们对于不同时期的产业结构变化有更深入的认识。在第二产业内部，制造业比重从1950年代初到1970年代末不断上升，此后直到1990年代中期基本上持续波动，并在此后有所下降；而建筑业比重则在1990年代以后不断提高。在第三产业内部，贸易、旅馆、运输及通信业的比重在1970年代开始大幅上升，而金融、保险、房地产及商业服务的比重则从1990年代开始上升。通过细分产业结构分析可以看出，1991年经济改革以来，制造业所占比重不断下降，而建筑业和服务业则在经济发展中起到最大的拉动作用。

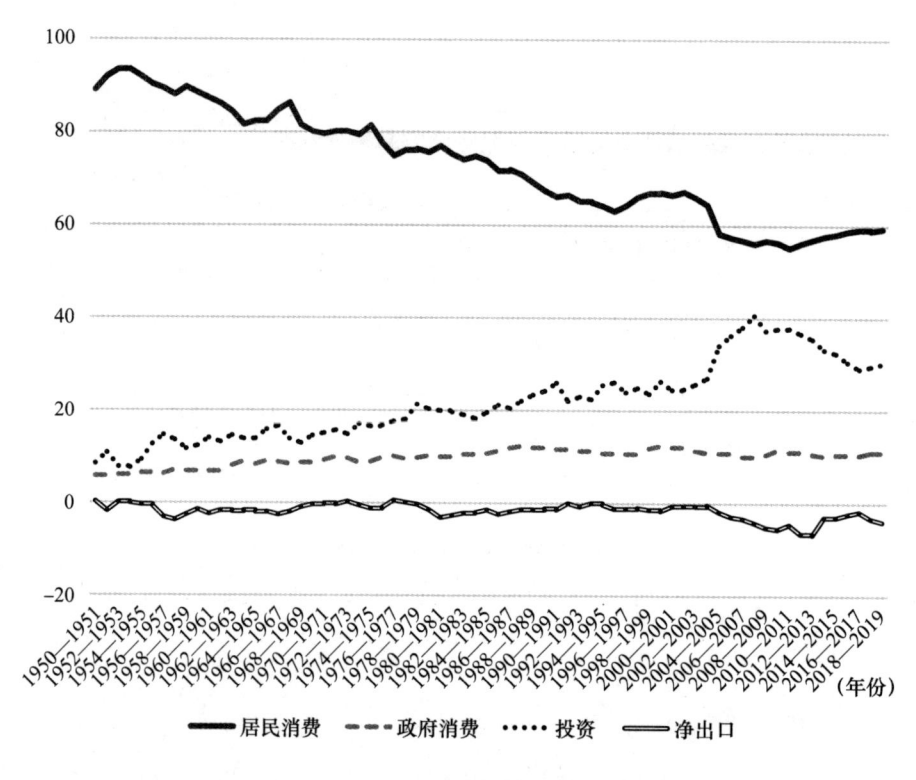

图1-5 支出法视角的印度经济结构转变

资料来源：印度央行。

接下来我们从支出法GDP的视角来分析印度经济的结构性变化。对于印度这样一个劳动力丰裕的国家，决定经济增长速度的一个关键因素是资本积累速度，投资率的不断提高是印度经济高速增长的重要保证。印度投资率的提高可以明显分成两个时期。第一个是在1970年代，投资率从10%左右迅速提高到20%左右，并在整个1980年代保持这个水平。20%左右的投资率意味着印度经济已经到达了起飞的前夜。第二个时期是1991年经济改革后到2008年前后，投资率从20%左右快速提高到35%左右。此后虽然有所下降，但整体投资率依然维持在30%左右。一直维持30%以上的投资率意味着印度明显具备了高增长经济体的特征。进一步分析投资资金的来源可以发现，在2007年以前，投资率提高主要来自私人消费率的下降（对应私人储蓄率的上升），但在2007年以后，投资率提高则主要来自净出口的下降（对应国外资本流入的上升）。

与投资率提高相对应，是私人消费在GDP中所占比重不断下降，虽然很多研究者一直强调印度经济发展依赖国内消费需求，但事实上，在2003年进入高速经济增长时期以来，印度消费占GDP比重就一直低于60%。

从支出法GDP角度的分析可以看出，印度经济已经进入了高储蓄—高投资—高增长的起飞经济体典型发展模式，但这个模式的可持续性依赖外国资本的稳定流入。

二 1991年以前的印度经济发展和改革尝试

作为一个有着悠久历史的文明古国，印度的传统历史文化对于塑造今天印度的经济有着不小的影响，本章中，我们首先分析这些影响印度经济发展的历史文化因素。独立后，作为一个追求独立政治地位的大国，印度也随内外部约束条件的变化，在不同时期采取了不同的经济发展模式，本章中，我们还要对这些发展模式的内在逻辑进行分析，并对其间所进行的改革尝试进行总结。传统文化和独立后头40年的经济发展模式，共同构成了我们理解当今印度经济的重要基础。

（一）影响印度经济发展的历史文化因素

印度是一个历史悠久的大国，并且经历了漫长的民族解放斗争，上述两个因素都对独立后印度经济发展战略的选择造成了影响。其中，影响较大的因素包括在传统小农经济条件下形成的种姓制度，以及在民族独立斗争中所选择的经济抗争手段和经济发展战略分歧。①

传统小农社会中形成的种姓制度形成了今天印度经济发展的重要障碍。关于传统印度社会的经济特征，Lal 的"印度均衡"观点最有影响（Lal，2005）。他认为，古代印度已经发展出一个低水平均衡社会，种姓制度和村社经济是这一均衡状态得以长期维系的重要原因。一方面，种姓制度让暴力使用变成了某个阶层的专利，从而让大量民众从战争行为中摆脱出来；另一方面，在劳动密集型农业中，为了能够供养起一个不从事劳动的阶层，必须通过种姓制度把劳动力捆绑在土地上，并让其从事特定职业来支撑村社经济的运行。因此，这种特定制度安排的存在具有经济合理性，并形成了与此相关的一系列价值体系。在今天，种姓制度虽然在生产力层面已经不再必要，但是在社会意识层面却仍然有着重要影响，种姓的意义正在转变成政治层面的需要，政党依靠种姓身份来进行选举动员。在现实经济中，按照种姓进行的分配使得劳动市场被

---

① 作为一个大国，影响印度经济发展战略的因素还有很多，包括英国殖民统治的遗产、印度在地缘政治上的选择等。

扭曲，成为导致印度发展滞后的重要原因。

印度独立过程中两个主要人物——甘地和尼赫鲁——在经济发展战略上的意见分歧，也是主导独立后印度经济发展战略选择的另一个重要因素（Basu，2015）。甘地认为造成印度社会问题的主要原因是在全球化过程中成为英国大工业的牺牲品，因此他主张印度应该保持自己的传统，保护小规模生产者，通过建立小规模和自给自足的乡村经济来反抗英国的殖民统治，这种思路也主导了印度民族独立斗争中的经济抗争过程，并形成了甘地经济思想的核心。尼赫鲁则认为，要解决印度的社会问题，必须通过大规模工业化来提高生产力，深受费边社会主义影响的他也认真研究了马克思和列宁的思想，欣赏大型规划和重工业优先发展战略。甘地和尼赫鲁之间在发展战略上的分歧对独立后印度的经济政策制定产生了重要影响。虽然甘地的遇刺身亡使其不能直接参与印度经济发展战略的制定，但他的思想依然对印度独立后的经济发展政策有重要影响。在印度独立后，一方面，尼赫鲁政府尽全力推进大规模工业化，推动大工业和重工业的发展；但另一方面，尼赫鲁政府对在民族独立斗争中给人们留下深刻印象的甘地经济思想也进行了部分采纳，包括保护小企业和手工艺产业，制定法规禁止大公司生产某些必需品。于是，印度独立后前30年的经济发展中，一方面印度在很多领域建立了苏联式的计划经济；但另一方面在很多领域国家对资源配置没有绝对控制权，最后形成一个复杂的混合经济体系。

（二）1950—1970年代的印度经济发展历程

印度在1947年独立后到1970年代末的30年，在经济发展成绩上，可以将其概括为三段（Desai, 1984）：印度独立后的第一个10年（1950年代）是希望的10年，第二个10年（1960年代）是失望的10年，第三个10年（1970年代）是不满的10年。

在独立初期，印度的工业基础十分落后。独立前，印度作为英帝国经济体系的一环，向英国低价出口原材料的同时被英国高价倾销工业制成品，工业发展落后，从机器设备到日用品，都严重依赖国外。对于印度经济的落后，印度知识分子认为，这一方面是由于英国的殖民统治掠夺了印度资源；另一方面则是因为英国推行的自由贸易政策破坏了印度已有的手工业并阻碍了印度的工业化。这两点认识对于印度独立后的经济政策选择有非常重要的意义。

为了促进本国经济发展，建立自己的工业体系，跟第二次世界大战后很多新建立的国家类似，印度在经济发展战略上选择了内向型经济发展模式，体现在贸易政策上就是积极采取进口替代政策。印度在1950年设立国家计划委员会，1951年开始施行国民经济发展的"五年计划"。第一个五年计划的主要目的是恢复经济。而从1956年开始实施的第二个五年计划和1961年开始实施的第三个五年计划中，印度推行了优先发展重工业和基础工业的经济发展战略。这一发展战略奠定了印度前30年经济发展模式的基础。该发展战略可以作如下总结：为了实施进口替代战略，促进民族工业的发展，在对外贸易上需要一方面压缩本国原材料的出口；另一方面加大机器设备的进口。为了实现这一目标，在汇率上的选择是高估本币。但高估本币在促进前述两个目标实现的同时，也会刺激外国一般工业品的进口，导致贸易逆差，为了限制这些一般产品的进口，印度同时建立了一个以进口许可证为基础的严格进口管制机制。此外，因为印度经济中同时存在国有经济和私营经济，为了保证私营经济的投资方向符合政府的意愿，并减少私人垄断资本的过度扩大，在产业投资上也建立了一套复杂的许可证制度。

  这一发展战略在1950年代取得了不错的成绩，一方面，人均GDP在第一个五年计划（1951—1956年）和第二个五年计划（1956—1961年）中的年均增长率分别达到2.3%和1.6%，表现尚可；另一方面，经济结构正在发生重要转变，第二产业在经济中的比重从1950—1951财年的12.3%提高到1963—1964财年的19%，提高了一半。

但到了1960年代，这一战略面临了严重困难，1960年代成了印度经济的痛苦调整阶段。在多重因素的共同作用下，印度在1966年爆发了独立以来最严重的经济危机。

首先，内部经济发展战略失误，导致经济结构失衡，贸易逆差不断扩大。1961—1966年的第三个五年计划执行效果不佳，其间人均GDP年增长率只有0.15%，显著低于1950年代。在经济发展方面，由于"二五"和"三五"计划实行优先发展重工业和基础工业的发展战略而忽视了对农业部门的投入，经济结构失衡。一方面，农业生产增长缓慢，面对快速增长的人口，粮食供不应求，加上进口替代部门的机器设备进口，使得进口需求增加；另一方面，作为出口部门主体的私营企业因受到投资和进口许可证等各种约束而发展缓慢，出口竞争力下降。两方面共同作用下，印度的贸易赤字不断扩大。

其次，外部环境恶化。连续爆发的战争耗费了大量经济资源，同时由于美印间分歧加大，双方关系恶化，美国减少了对印度的直接经济援助。

尼赫鲁1964年去世后，印度经历了一段时间的政治动荡，其后1966年尼赫鲁的女儿英迪拉·甘地上台并执行了一系列的经济调整政策。为了刺激出口，卢比大幅贬值，放宽对私营企业的投资限制，放宽和取消数十种工业许可证限制，以及对出口产业采取税收减免、补贴和市场开发援助等措施。为了解决粮食供应问题，展开了绿色革命，放宽农业机械进口许可，并大量进口化肥、种子和农药。为了解决过度依赖国外资金的问题，采取了一系列措施鼓励人们存款，包括建立政府担保的信托基金、对商业银行国有化和扩大银行网点覆盖等，这些措施使印度的国民储蓄率明显上升。在经历了1966—1969年的三年全面经济调整后，印度经济在1970年代初重新恢复外部平衡，并在1972—1973财年首次实现了贸易盈余。

进入1970年代后，印度经济继续蹒跚前进，并进一步加强了计划经济。外部环境的变化对其经济发展战略的选择产生了重要影响。在1970年代初期实现独立后的首次贸易盈余后，马上爆发了两次石油危机，导致印度进口成本大幅上升。国际战略格局的转变影响更为重要，1971年第三次印巴战争打破了南亚地区原有的政治平衡，印度不顾美国强烈反对而干涉东巴基斯坦，使印美关系降至冰点；1974年印度进行核试验并拒绝《核不扩散条约》再次引发美国反感。在整个1970年代，印度从西方国家得到的援助大幅减少。

与此同时，印度在外交上几乎全面倒向苏联，苏东集团在印度外贸中的地位显著提高。在国内经济政策中，英迪拉·甘地政府也采取了更多苏联式计划经济的做法。在整个1970年代，印度经济增长的波动性变得更大，虽然在有些年份（1975—1976财年）经济增长达到创纪录的9%，但整个时期的人均GDP增速比1960年代更低。到了1979年，印度陷入了独立以来最严重的经济衰退。

在独立后的头30年里，一方面印度陷入了所谓"印度式经济增速"的困境中，经济发展水平逐步落后于不少发展中国家。但也需要看到，印度经济在这30年里也解决了一些长期困扰印度发展的重要障碍，包括实现了粮食基本自给，初步建成了一个门类齐全的民族工业体系，大幅提高了工业产品的自给率，建立了一支规模庞大的科研人员队伍，改善了印度的基础设施水平，等等。这些发展，为即将展开的经济改革奠定了重要基础。

（三）1980年代的初步经济改革及其后果

1980年，在经历了1970年代末期的政治混乱和经济衰退后，英迪拉·甘地重新上台，英迪拉·甘地及其子拉吉夫·甘地执政期间开启的经济改革措施，让印度经济增长重新加速，但是其改革措施的不彻底也成为1991年国际收支危机爆发的诱因。总之，在印度经济发展过程中，1980年代具有承前启后的重要意义，也有不少经济学家把1980年代的初步经济改革认定为印度经济改革的第一阶段。

1980年代经济改革的推动力来自国际和国内两个方面。

国际因素方面，各主要经济体从1970年代末开始都纷纷展开了经济改革的尝试，对印度也产生了影响。美国里根政府和英国撒切尔政府展开了以放松管制为主要手段的自由化改革；中国开启了面向市场化和全球化的改革开放进程；苏联和东欧国家也都尝试了各种经济改革的措施。在这样的改革浪潮中，印度也对自己的经济政策进行了部分调整。但这种调整并没有大规模展开，更多是经济政策的各种试验，被称为"静悄悄的改革"。

国内因素方面，印度1979年出现的严重经济困难促使政府采取改革措施。多重因素的共同作用使印度在1979年陷入独立后最严重的经济衰退。旱灾打击了印度国内的粮食供应能力，粮食进口增加；第二次石油危机后石油价格的进一步上涨（1970年代末石油产品进口占印度进口总额的30%以上）进一步增加了印度的进口成本；这两项因素共同作用，让印度贸易赤字增加。此前，印度主要依赖多边组织和政府的优惠贷款来平衡国际收支，但进入1970年代后期，随着美印关系的恶化，这些优惠贷款不断减少，因此整体国际收支恶化。最后，1977年英迪拉·甘地政府下台后，印度1977—1979年出现的持续政治动荡也加剧了经济困难。

甘地母子经济改革的思路是实行有限的、逐步的经济自由化政策，对内放松管制，释放私营企业的活力；对外则放开进口替代政策，放松进口许可证制度。1980—1985年的"六五"计划中，英迪拉·甘地对经济发展战略做出了具有方向性的调整，即实行"进口替代"与"出口促进"相结合的发展战略。在不同产业领域，基于印度的发展现状，采取不同的政策。如在钢铁、水泥、石油和电子等基础工业领域继续实行"进口替代"政策，而在纺织等轻工业领域则放松管制，并开始实行"出口促进"政策。1985年以后，拉吉夫·甘地政府进一步加快了经济调整的步伐，在对外贸易政策上主张"促进出口"的同时"放松进口限制"，具体做法是放松产业管制、放宽进口产品许可证制度、降低政府专营进口产品的份额。

此外，通过各种手段为不断增加的国内投资需求融资。首先是提高国内储蓄率，尤其是家庭部门的储蓄率，主要做法是进一步加强金融机构的渗透率，包括鼓励国有商业银行向农村等金融落后地区扩展,方便公众储蓄;同时在税收制度上鼓励储蓄,如对储蓄存款收入减免个人所得税。其次是注重吸引外商直接投资(FDI),这一时期印度政府逐步放宽了对FDI的诸多限制,实施纳税优惠政策,拓宽外商投资领域以及提高允许投资比例,开发出口加工区和自由贸易区。

1980年代改革的另一个重要影响是,让制定政策的官员们对于一些改革措施的后果有了一定的自信,他们相信汇率贬值、放松投资许可、贸易自由化等措施可以在不打断原有经济增长格局的情况下促进经济增长,因此在进行1990年代的大幅度改革时更有底气。

总体而言,甘地母子执政时期对产业发展战略和贸易政策的调整取得了一定成效,促进了经济增长,但并未从根本上解决原有经济发展模式的弊端和扭转印度国际收支困境,为1991年国际收支危机的爆发埋下了隐患。整个1980年代,印度平均经济增长率达到5%以上,远高于独立后的前30年,摆脱了所谓"印度式经济增速";在对外贸易方面,印度的进出口贸易额增长较快,出口结构有所改善,并且经常项目逆差在1980年代前期有所缩窄,经常项目逆差占GDP比重从1980—1981年度的4.7%下降到1984—1985年度的3.1%。但是,这一时期的经济改革更多是"补丁式"修正,"进口替代"的内向型发展道路依然占据重要地位。到了1985年以后,当拉吉夫·甘地政府加速放松对外贸易政策时,由于经济松绑而带来的进口增长远高于生产力提高带来的出口增长,导致经常项目赤字显著上升;加上政府部门从1983年开始进行系统性减税扩大了财政赤字,印度经济的"双赤字"问题变得日益严重。依靠财政赤字和贸易赤字来融资的扩张性政策虽然在1980年代后期带来了前所未有的高增长,但这种增长的可持续性非常脆弱,在各种内外部不利因素冲击的影响下,印度最终发生了1991年的国际收支危机。

三 1991年改革：拉奥政府经济改革

在对1991年以前的印度经济发展进行简单回顾后，我们来分析1991年印度经济改革的前因后果。在危机原因上，既有经济发展制度长期积累下来的结构性弊端，也有短期不利冲击带来的影响。危机后的改革措施，其彻底程度远高于1980年代的改革，被视为印度经济发展史的重要里程碑。1991年及其后拉奥政府采取的改革措施，把印度经济从危机中拯救过来，这次改革的成功还为将来的进一步改革打下了坚实的政治基础。

（一）国际收支危机原因分析：结构性弱点与短期冲击

1. 结构性弱点

印度经济虽然在1980年代摆脱了"印度式增长速

度"，但已有经济发展战略中的结构性弱点并没有得到根本性的改变。印度在1980年代后半期的快速增长，主要依赖政府财政扩张和外资流入，这体现为印度经济的"双赤字"在这一时期不断高涨，与之伴随的则是高通胀和高外债，这种发展模式非常容易受到外部冲击的影响。

（1）财政赤字与经常项目赤字

1980年代，为了促进资本形成与产业发展，印度政府实施了财政扩张政策，包括增加公共支出与减税。短期内，这些财政扩张政策刺激了总需求，印度经济增速得以大幅提高，但政府财政赤字显著增加。财政赤字增加意味着政府部门的储蓄率降低，为了维持国内投资的高增长，只能更加依赖企业部门和家庭部门的储蓄。虽然家庭和企业部门的储蓄率在这个时期也有所上升，但并不能完全弥补政府储蓄率的下降。印度转而吸引国际资本流入，这在国际收支上显示为印度的经常项目赤字不断扩大。

1980—1985年，印度的经常项目赤字较为平缓，经常项目逆差占GDP比重甚至还有所下降。但1985年后，随着放松进口政策的加快实施，印度的经常项目赤字不断扩大。拉吉夫·甘地政府并非没有采取措施来对冲影响，其应对手段包括卢比贬值、采取退税和补贴等来促进出口等。但在国内经济过热的情况下，进口需求增长远大于出口增长，经常项目赤字不断提高，因此外债占 GDP 比重不断上升。

(2) **外债压力**

1980 年代以前，印度政府的外债绝大部分来自国际金融组织贷款与他国政府援助。尽管印度一度成为全世界最大的债务国，但这些外债基本上都是优惠的长期贷款，还本付息压力相对较小。1980 年代，国际组织针对印度的优惠性贷款和援助减少。外国优惠贷款占外资流入的比重由 1980 年的 89% 下降至 1990 年的 35%。因此，这一时期印度对外资的需求不得不更多转向商业性贷款，这些贷款一方面来自外国资本市场，另一方面则来自海外印度侨民。

印度的外债规模迅速扩大。根据世界银行的债务统计，印度的外债余额从 1979 年年底的 181.9 亿美元增长到 1990 年年底的 834.7 亿美元，占国内生产总值的比重由 12.1% 升至 25.6%。在债务规模扩大的同时，债务结构也发生了改变，利率较高的私人贷款在整体债务中的占比提高。1983—1984 年，近 228 亿美元政府债务或政府担保债务中只有约 17% 来自私人债权人；1991 年经济危机前夕，高达 693 亿美元的外债中有约 30% 来自私人债权人。上述因素的结合使得印度的外债偿付压力急剧提高。各种指标都显示印度外债偿付能力不断下降。如官方储备资产占外债总额之比由 1979 年年底的 65.0% 降低至 1990 年年底的 6.8%；印度偿债率在 1991 年更是高达 35% 以上，远超过国际公认的 20% 的安全线。

2. 短期冲击

1990 年前后一系列的国内外大事，加大了印度的国际债务压力，包括苏东巨变带来的国际贸易环境恶化，海湾危机带来的侨汇减少和进口成本上升，国内政治危机带来的国际资本流入骤停等。

（1）国际贸易环境恶化

1980 年代末，一系列国际事件使印度的对外贸易环境不断恶化。尽管印度也采取了一些措施来推动出口，但在外部环境恶化的情况下，印度的商品出口面临巨大困难。

首先是苏东巨变带来的影响。苏联在 1980 年代末是印度的第二大贸易伙伴，其他东欧国家也跟印度有着紧密的经贸往来。在危机发生前的 1989—1990 财年，印度对苏联和东欧地区的出口占其总出口的 19.3%，而且这部分贸易大部分是易货贸易。随着冷战结束，苏东集团的解体使印度失去重要出口市场，而易货贸易的结束也让印度的外汇缺口进一步加大。

同一时期，美国和西欧的经济增速也出现放缓，导致印度对这些市场的出口也受阻。加上美国这一时期在对外贸易谈判中整体采取强硬态度，美国在美印贸易摩擦中甚至动用"301条款"对印度进行制裁，印度对西方发达国家的出口也遭遇阻力。

全球出口环境整体不利，印度这一时期扩大出口的努力并没有让出口迅速增长，贸易赤字持续扩大。

（2）海湾危机

1990年海湾危机引发的油价暴涨、侨汇损失与劳动力市场冲击等一系列短期冲击对印度经济的影响更为直接。

印度的贸易逆差常年依赖海外侨民的汇款来平衡。在海外侨民汇款中，大部分来自在中东地区打工的劳务输出者。海湾危机大大减少了海外汇款，给印度的国际收支带来压力。侨汇方面，海湾危机发生前，印度在伊拉克及科威特的经济活跃人口近14万，侨汇损失约3亿美元。

作为石油资源贫瘠的国家，石油及石油产品的进口长期占据印度进口的很大份额。海湾危机发生后，石油平均现货价格由1990年7月的每桶16美元飙升至同年9月的近每桶60美元。根据印度政府估计，油价上升造成的直接成本高达24亿美元，扩大了经常项目逆差。

（3）政治动荡

拉吉夫·甘地政府在1987年以后就逐渐陷入腐败

丑闻，这使其政府难以采取一些更为长远的结构性改革措施。1989年大选中，国大党政府下台，但随后执政的两个政府均为少数党政府，而且执政时间都不足一年，这使得印度经济在面临各种外部不利环境变化时，难以拿出强有力的改革措施来扭转局面。到1991年大选前，拉吉夫·甘地遇刺身亡更是让政治动荡局面达到了顶峰。但另外，也正是这段时期政治动荡所带来的不良后果，使印度政府在面对随后的危机中更容易摒弃分歧，迅速推进改革。

（4）主权信用评级下降

对于印度这样一个常年经常账户赤字、不得不依赖外资流入来弥补贸易缺口的国家，国际资本市场的波动对其产生的冲击往往很大。1990年前后，一系列不利因素的叠加，使得印度的主权风险加大。1990年9月标准普尔率先将印度主权信用评级调低；1990年10月穆迪评级同样下调了印度的长期与短期债务评级，并于1991年进一步降低。一系列的信用降级导致印度政府和企业在国际金融市场的融资能力下降。这使得印度的国际经常项目问题传导至资本账户。

到1991年6月大选前，受到各种内外部短期冲击的影响，印度外汇储备降至约10亿美元，低于两周进口需求。印度被迫向IMF求援。与此同时，新上台的拉奥政府也展开了一场大范围的经济改革。

(二) 1991年危机后的改革措施

1991年6月举行的第十届大选中,国大党在人民院中赢得近半席位,拉奥政府宣誓就职。随后迅速颁布了各项新经济政策,并制定颁布了"八五"计划。在国际收支危机最严重的关头,印度开始了全面的经济改革。

1. 主要改革措施汇总

国际上普遍用"四化"(自由化、市场化、全球化、私有化)来概括印度1991年改革的内容,其所采取的措施包括放松对私有经济发展的限制,加快国有经济改革,推动由计划经济向市场经济转变;拓展对外经贸往来,放宽投资和进出口贸易限制,降低关税,调整汇率等。

在不同领域采取的具体改革措施包括:

第一,经济稳定政策。按照世界银行和IMF的建议,稳定政策的主要内容就是降低双赤字。为了降低贸易赤字,采取措施包括汇率贬值、压缩进口、鼓励出口等;为了降低财政赤字,在保持生活必需品价格稳定的同时,削减各种福利补贴和价格补助,减少公共部门的投资等。这些政策建议也是IMF提供短期援助贷款的前提。

第二，工业改革政策。1991年7月24日，拉奥政府公布了工业政策宣言（Statement of Industrial Policy，后来经常被称为"新工业政策"，New Industrial Policy），改变传统的保护机制。这些政策可以分成两大类：第一类是放开准入门槛，包括在大部分行业取消工业许可证制度，以及放松外商直接投资的准入门槛，这两项政策都是为了刺激本国私人资本和外国资本对本国产业的投资。第二类是对公有部门的改革，包括大幅度减少公营企业垄断经营的部门，并对公营企业的经营管理进行改进，对病态企业进行整顿或关闭处理；引入私人资本参与公有企业经营；减少政府对公营企业的干预；允许私人部门参与基础设施建设运营。

第三，外贸政策调整和改革。主要是进行贸易自由化改革，并鼓励出口。采取的措施包括：取消中间品和资本品的进口许可证，但控制消费品的进口；大幅降低商品进口关税；放松汇率管制，1991年6月卢比大幅贬值22%，并在1992年2月至1994年2月实行汇率双轨制，并在1994年后实行卢比在经常项目下的自由兑换；大力促进商品出口，在出口加工区的基础上设立经济特区，并实施面向出口企业的优惠计划。

第四，金融政策改革。主要是放开金融市场的各种限制。包括对私人资本和外国资本开放金融市场，允许私营部门开办银行,放松外资银行的进入限制;放松对信贷计划的控制,降低优先发展部门的贷款比例和优惠条件;实行利率市场化改革;加速银行呆坏账的处理,除了通过 BIFR 对公营部门进行整顿外,还成立特别经济法庭加速在印度法律体系中较难处理的破产清算进程;对资本市场改革,不再对股票发行进行严格约束,股票发行由资本发行管理局的严格限制改成在印度证券交易委员会的监管下进行。

接下来,我们对一些特定领域的改革进行更为详细的分析。

2. 贸易领域改革

拉奥政府的改革计划中,贸易领域的改革牵涉对过去的整个工业发展战略的反思,即从进口替代战略到出口促进战略的整体转变。1992 年 8 月,印度国会通过了《1992 年对外贸易法》,用以取代已经延续 40 多年的《进出口管制法》。这项新的对外贸易法从根本上改变了对外贸实行严格管制的政策,转向对外贸发展的全面推动。此后,拉奥政府还相继出台了一系列贸易政策,进一步减少贸易领域的管制。

在贸易方面,具体的改革措施主要有以下四条。

(1) 逐步取消许可证制度

印度经济一度以"许可证经济"而闻名,尤其是政府通过许可证制度来加强对外贸易的管制。1992年，印度政府取消了大部分商品的进出口许可证制度。同时，印度政府也继续推动开放进出口贸易的专营权（以往进出口贸易专营权掌握在少数大企业手中，改革以后，除粮食、化肥、燃油等大宗商品的进口继续实行国营贸易公司专营外，大部分商品的贸易专营权原则上放开），并放松出口加工区在国际贸易方面的限制。

（2）降低原材料和资本品的进口关税

为了推动出口工业的发展，并有利于吸引外资，印度从1993—1994财年开始对原材料、资本品和中间产品的关税税率作了相应的调整。首先，将需要优先发展的能源部门（如电力、采煤、炼油等）的相关设备进口关税降低至20%—25%；其次，允许出口生产商免税进口原材料，并降低其生产所需机器设备的进口关税率；最后，其他主要进口原材料的关税率也普遍下调。

（3）为出口企业提供便利

鼓励各地建立以出口加工为导向的经济特区，对这些经济特区一方面提供通关便利，另一方面对出口企业在关税和所得税等税收政策上给予优惠。此外，在外贸企业的外汇使用上也进行了创新，使其对出口创汇收入有更大的自主支配权。在外贸企业和经济特区发展方面，南部的泰米尔纳杜邦和西部的古杰拉特邦表现突出。

（4）逐步放松外汇管制

通过一次性大幅贬值和过渡性的汇率双轨制来克服外汇收支危机。到1991年6月，卢比一次性贬值22%。随后，1992年2月宣布实行双重汇率制度，出口商可以将收入的60%按自由市场汇率兑换成卢比。到1994年2月，随着外汇市场逐步恢复平静和经常项目状况改善，印度政府宣布取消卢比的双重汇率制度，印度卢比实现在经常项目下的自由兑换。

3. 投资领域改革

投资领域改革最主要的举措是1991年7月公布的"新工业政策"（New Industrial Policy），主要内容包括：

（1）改革工业管理制度，基本取消工业许可证制度

在改革后，除了5种特定工业（主要是军事工业和危险化学品工业），所有产业的许可证制度都取消，大部分行业都对私人资本开放，减少政府对企业投资的干预。在工业许可证取消的同时，各项与这个政策配套的信贷政策、价格政策等也进行了相应的调整。在基础设施建设中，也鼓励私人资本参与建设和运营。

（2）改革公营企业

大幅度减少公营企业垄断经营的部门，并对公营企业的经营管理进行改进以提高效率。对于病态企业，通过成立于1987年的工业与金融复兴委员会（Board of Industrial and Financial Reconstruction，BIFR）对其进行整顿或关闭处理；同时在过渡阶段妥善处理受影响的工人。公营企业的改革内容还包括：公营企业的经营范围可以更加灵活；引入私人资本参与公有企业经营；减少政府对公营企业的干预，在公营企业董事会中引入外部成员，并适当延长公营企业领导人员的任期，以充分发挥其才能。

（3）放松对外商直接投资的管制

取消对外商直接投资的限制，并建立了外国投资促进委员会（FIPA）来鼓励外商直接投资。具体的措施主要包括：第一，取消外国投资必须进行技术转让的规定。第二，提高外资占比上限，尤其是在资金短缺和重点发展行业中加大了对外资开放的力度。例如，在基础设施和电脑软件行业，外资股权上限提高到74%；在部分行业甚至允许外商独资企业的出现。第三，减少对外资企业经营的干预，包括取消合资企业扩大生产规模的审批要求，允许外资企业在国内市场出售外国商标商品，放宽外资利润的汇出限制，等等。第四，提高对外商直接投资的审批速度，部分项目的审批时间缩短至七天。通过上述系列措施，1991年的经济改革大大提高了印度对外资的吸引力。

4. 债务领域改革

外债管理不当是导致1991年危机的直接原因,因此对于外债的改革也是1991年一揽子改革中的重要内容。在1990年代的经济改革中,印度虽然加大了开放力度,印度对外债务总规模在危机后依然继续上升,但通过采取更加谨慎的外债管理政策,印度的国际收支此后保持了稳定。改革的主要内容包括:

(1) 调整贷款结构

对外资结构进行调整,加大外债的可持续性。采取的措施包括:鼓励外商直接投资,加大股权投资的比例;严格控制短期债务比重;更加注重使用援助贷款,减少商业借款规模,加强世界银行援助性贷款的使用效率,减少借入国际货币基金组织的短期贷款。通过上述种种措施,大幅改善了外债的结构。

(2) 加强外债管理

除了改善借款结构外,政府还制定了一系列管理办法,加强对外债的项目管理,包括加强对借款项目的审批,明确不同类型项目的审查机构职能,并把所有外债项目都集中到财政部进行统一审批和资本安排;增加对使用外债的金融机构和企业的审查,促使他们更好地利用资金和及时还贷。

（三）1990年代中后期：财政整顿与国际收支调整

全面改革后，印度GDP增长率由改革当年（1991—1992财年）的1.4%上升为1992—1993财年的5.4%，有效遏制了经济下滑。在全面改革后的头十年，年均实际GDP增长率高达6%。拉奥政府执政的前三年（1991—1994年），各项改革措施密集出台并取得较为明显的成效，改革推进较快；但进入第4年后，随着改革进入深水区而触动了各利益集团的利益，加上面对即将到来的1996年大选，拉奥政府推进改革的速度开始变慢。1996年大选中，饱受丑闻困扰的国大党拉奥政府下台。随后短暂执政的联合阵线政府（两任总理分别为高达和古杰拉尔，执政时间均不足1年）在经济政策上虽然有所调整，但因为其政府严重依赖国大党的支持，所以总体上延续了拉奥政府的经济改革路线。因此，学者们普遍把1998年大选前的这个时期视为1991年改革的延续。

财政赤字和经常项目赤字是导致印度1991年危机的重要原因，从更长的视野来看，也是导致印度历史上屡次经济危机的核心原因。为了避免重蹈1991年危机，拉奥政府及其后的两届联合阵线政府，分别在财政整顿和对外部门改革两个方面进行了持续调整。

1. 财政整顿

印度在 20 世纪 80 年代财政赤字的不断扩大是导致 1991 年国际收支危机的根本原因之一。1991 年改革中，印度政府采取了包括税制改革、补贴削减与法律框架修改等开源节流的措施。全面改革后头两年，中央政府与地方政府的合并财政赤字降至 GDP 的 7.0% 以下。此后虽然有所反复，但在 1998 年以前一直低于 1980 年代后半期（见图 1-2）。整体来看，印度的财政状况虽然有所好转，但财政方面的改革并不彻底。

税制改革委员会（Tax Reform Committee，以下简称 TRC）的报告为危机后十年的税制改革奠定了基础。报告中提出的改革建议主要围绕着扩大税基、降低税率和加强监管三点展开，具体内容包括：优化所得税与财产税，降低关税，减少不合理的税务减免，推广增值税等。TRC 的大部分建议在 1991—1996 年得到了落实，分别包括直接税和间接税的改革两大部分。

直接税的改革主要是对个人所得税和企业所得税的改革。降低税率、减少累进层数是个人所得税改革的重点。TRC 建议将个人所得税调整为三层累进制，最低最高税率为 20% 与 40%，该建议在 1992—1993 年得到落实。1997—1998 年三层累进税率进一步降低为 10%—20%—30%。个人所得税税率的合理化有助于减少逃漏税动机，为税收征缴提供便利；同时通过影响个人净收入而调控社会总需求，促进社会公平与经济稳定。降低企业所得税是 TRC 建议的另一项重要内容。除 1991—1992 年的上升调整外，针对公司所得税的税率整体呈简化与下降趋势：1994—1995 年取消了对少数人与多数人持股公司的区别税率；企业所得税统一下调至 40%，与个人所得税的最高税率相匹配。1997—1998 年进一步降低至 35%。税收负担的减轻有助于与产业改革相配合，提高本土企业的再生产与创新能力，鼓励本国工业的发展。

对间接税的改革集中于削减关税与推广增值税。进口替代战略下的高关税成为阻碍印度贸易发展的重要障碍。1991—1992 年，所有高于 150% 的关税都被降低至该水平；1993—1994 年最高关税，特别是机械与资本品的关税进一步降低。在 1995 年 WTO 成立后，作为创始国的印度开始向其承诺关税目标靠近，1997—1998 年最高关税下降至 40%。1991—1997 年，印度加权平均进口关税税率由 72.5% 下降至 24.6%，关税改革取得重大进展。增值税方面，TRC 建议将中央消费税扩展至所有工业制成品并将其所适用的税率调整至 15%—30%，并且将调整增值税的抵扣拓宽至所有含机械在内的投入品。1994—1995 年使增值税覆盖所有资本品和石油制品。另外，三种单独税率在2000—2001年的计划中统一为16%的中央增值税（CENVAT）。但是，印度国内的间接税税制依然存在着中央政府与地方政府不统一、中央地方税收收入分配不协调的问题，而且在其推广过程中遇到了严重的政治障碍，在整个1990年代并没有得到全面推广。

到1990年代末，企业所得税与个人所得税增长明显，但间接税税收收入占GDP比率却有所下降。间接税税收下降一方面反映了关税的降低，另一方面则体现了对货物及服务间接税征收能力的不足。

总体上看，1991—1998年，印度政府对税制进行了综合性调整，秉持了1980年代降低税率、拓宽税基的总体目标。全面改革开展后的十年间，直接税收入占总税收收入与GDP的比例上升，间接税收入占总税收比重由78.9%下降至65.5%。关税的降低使间接税占比下降，但下降幅度明显小于间接税下降幅度，说明间接税依然存在中央地方税制不统一、征管能力不足、服务税征收不充分的弊端。同时，税收总收入占GDP比重总体下降，说明税收未能起到弥补财政赤字的作用，这个时期政府赤字的下降更多是通过削减政府开支来实现的，政府开支的削减一部分有减少浪费提高效率的意义，但另一些开支的削减也导致了印度基础设施和工业投资的投入不足，为后来经济增长的不可持续埋下了伏笔。

2. 对外部门改革

印度在对外部门方面的后续改革总体上是成功的。到1998年年底，印度外汇储备已经从1991年危机时期的不足10亿美元上升至273亿美元。印度经常项目赤字在整个1990年代不断减少，由1990—1991年占GDP的3.2%下降至1999—2000年的1.1%，并在2003年前后实现了印度历史上首次非危机时期的经常项目盈余。同时，随着外资政策的改进，印度的资本账户虽有波动但处于长期盈余。下面分别从经常项目和资本项目两个方面对印度政府所做的调整进行分析。

（1）经常项目

经常项目的改革重点在于缩小贸易赤字。十年间，货物贸易赤字由于进口政策放松和工业部门出口能力有待提高而一直没有太大改善，但随着印度在服务业贸易上的快速发展，以软件服务出口为代表的服务贸易实现了大额顺差，加上国内经济形势稳定使得来自印侨的经常转移增加，印度的经常项目赤字快速改善。

进口方面，主要措施包括降低关税和取消进口许可证。降低关税既是发展对外贸易的必然选择，也是印度在世界贸易组织（WTO）1995年成立后作为创始国需要履行的义务。根据WTO数据，1990—1991财年印度最高关税税率为355%，1993—1994财年降低至85%；同期加权平均关税税率由87%降低至20%。虽然与东亚国家相比，印度关税仍处于较高水平，但也充分说明印度在降低关税方面所进行的努力。1991年以前，进口许可证是印度调控国际收支的重要手段，虽然这一制度在1980年代已经有所松动，但依然有一些重要商品的进口需要通过进口许可证允许。1991年改革后，进口许可证制度逐步放宽并最终取消。资本品与中间品的进口许可限制于1993年取消；340种商品于1998年由限制进口转入开放进口许可证名单；714种进口商品的限制于2000年年末取消。在多重政策扶持之下，印度进口发展迅速，5年间占GDP比重上升接近4个百分点，从1990—1991财年的9.4%上升到1995—1996财年的13.1%。

表3-1　　　　1990—2001年印度经常项目余额变动情况　　　（单位:%）

	1990—1991	1995—1996	1999—2000
商品出口/GDP	6.2	9.7	8.4
商品进口/GDP	9.4	13.1	12.4
商品净出口/GDP	-3.2	-3.4	-4.0
服务及经常转移/GDP	-0.1	1.6	3.0
经常项目余额/GDP	-3.2	-1.8	-1.1

资料来源：印度财政部，Economic Survey 1997-1998，2000-2001。

出口方面，政府也采取了一系列政策。第一，大力支持经济特区内企业的出口,鼓励地方政府和私人企业联合设立出口加工区;第二,通过出口退税与对出口商的资本品进口采用优惠关税或免税、发放特许进口许可证等方式鼓励出口商品生产;第三,为出口企业提供货物运输方面的基础设施、本国原材料优惠采购价等支持。根据印度财政部2000—2001年的国际收支报告,1991—2000年,印度出口总额由184.77亿美元增长至382.85亿美元。其中,服务出口发展迅速,十年间由46亿美元增长至203亿美元,而软件出口在服务出口中的比重由2.9%上升至20.1%,印度在服务贸易收支上形成了长期顺差。印度出口占GDP比重也在改革后的5年里迅速提高,从1990—1991财年占GDP的6.2%迅速提高到1995—1996财年的9.7%。

虽然在贸易领域进行了持续改革,但到21世纪初,印度依然存在着诸多不利于贸易自由化的措施。比如,印度关税结构仍然复杂;政府频繁发起反倾销诉讼;基础设施落后等。而且,相比于其他发展中国家,印度出口能力的增长并不明显,尽管印度出口量占世界总出口份额的比重由1993年的0.51%上升至2000年的0.65%,但与其他新兴经济体的表现相比依然不佳。

(2) 资本项目

全面改革后的十年间,印度资本账户处于波动盈余状态。受国际环境影响，外国借款、海外印度居民储蓄与国际援助占GDP比重总体走低，而外商直接投资（FDI）成为资本项目保持盈余的重要因素。

1991年以前，FDI对印度经济的贡献极其有限。1985—1990年，FDI仅占GDP的0.1%。1990年代引入外资的政策着力点主要在于可投资领域的拓宽、持股比例的上升与资本市场可投资范围的扩大，具体表现在：第一，简化34种优先发展、资本密集型与高科技产业的外资审批手续；第二，优先发展产业的外资持股比例限制由40%上升至51%，出口企业持股比例可达100%；第三，设立外国投资促进委员会（Foreign Investment Promotion Board，FIPB），吸引大型国外投资项目。1992年，政府开始允许外国资本购买国内企业证券，1996年起可购买债券。上述政策使印度投资环境得到显著改善，FDI占GDP比重由1990—1991财年的0.03%上升至2000—2001财年的1.11%。

1996年，高达政府对外国投资促进委员会进行了改组，将其划归联邦工业部领导并扩大授权，该委员会可直接审批不超过60亿卢比的外商直接投资申请。同时，工业部还制定了一套新政策来扩大对外资的吸引力，这些政策着眼于利用外资来加强印度的工业基础，其具体内容包括：第一，在采矿、冶金、电力、非常规能源等9个行业中，对外资占比不超过74%的合资项目申请实施自动批准；第二，扩大鼓励引进外资的优先发展产业目录，新增纺织、化工、食品加工等行业，这些行业中外资占比不超过51%的合资项目将实施自动批准。上述政策标志着印度在直接投资方面的对外开放程度不断扩大。

随着经济增长和经常项目赤字的改善，印度外债的相对规模有所下降，同时债务结构和偿债能力都有所改善。印度外债占GDP比重由1992年3月末的28.7%降低至2001年3月末的22.3%，其中短期外债占外债总量比重更是由1990—1991年的10.2%下降至2000—2001年的2.8%。外债状况的改善又进一步提高了国际收支的可持续性，有助于投资者信心恢复，间接促进了外国投资的进入，使得国际收支得到进一步改善，由此印度的国际收支在1990年代中期到2003年以前形成了一个良性循环。

四 1998—2014年：经济改革的深化和调整

1998年大选中，印度人民党首次建立了稳定的联合政府（此前在1996年大选中曾经建立了一个仅仅维持10多天的内阁），瓦杰帕伊政府在大选后对此前的经济改革政策进行了较为大胆的推进，经济改革在1998—2004年得到了一定程度的加速。此后，在2004年大选中，国大党组建的联合政府上台，参与了1991年改革的几位重要成员成为政府的主要领导，曼莫汉·辛格担任总理。曼莫汉·辛格政府针对此前经济改革过程中所出现的问题进行了一定的纠偏，但整体经济改革方向并没有发生变化。2009年大选中国大党再次获胜，曼莫汉·辛格政府获得连任至2014年。从1998年开始到2014年，印度经历了三届稳定的内阁，并大体延续了自由化、市场化、全球化、私有化的经济改革思路，印度经济在这段时间经历了独立以来的最高经济增长速度。但随着改革逐渐进入最为艰难的领域，改革在2010年以后出现了停滞，加上外部环境的变化，印度到了2014年再次陷入了自1991年以来最慢的经济增长速度。

（一）1998—2014年的宏观经济表现

印度在1991年改革后开启的经济高速增长在1998年被打断，一方面印度受到了东亚金融危机的影响；另一方面也与印度在1998年进行核试验导致外部环境恶化有关。瓦杰帕伊政府在内外部压力下，坚持并加速了经济改革。这些改革虽然并没有在短期让印度经济马上走出困境，但让印度宏观经济结构得到了明显改善，经常项目赤字消失，财政赤字扭转了恶化趋势，为2003年以后印度开启的新一轮高速增长奠定了基础。

从宏观经济增长速度来看，进入2003年以后，印度开启了另一个高速增长时期。这一方面与外部环境改善有关，在这一时期，为了应对中国崛起，美国大力改善了与印度的关系；另一方面也与电信技术的发展有关，全球信息产业的发展和通信成本的降低，使得服务行业外包有了迅速发展，印度成了这个过程的最大赢家。2003—2008年的五年间，印度经济的平均增速达到了9%，甚至在2005—2007年，连续三年的经济增速都超过了9%。这种增长速度在印度历史上是前所未有的。

2008年的国际金融危机对印度有所影响，但印度经济也很快恢复了过来，2010年经济增速再次达到了9%。但是到了2011年以后，印度经济重新遇到了财政和经常项目双赤字的困境，加上腐败丑闻动摇了政府权威并让政府决策速度显著放慢，各项改革措施难以推进。加上全球经济复苏不力和全球资本流动趋势的逆转，在一系列负面因素的打击下，印度经济终于在2013年前后陷入了滞胀。

从产业结构来看，除农业部门受季风影响波动较大外，工业与服务业平均增速显著高于全面改革前水平，尤其是服务业增速是三大部门中最高的，这也使得印度经济中服务业占比不断提高。

从财政赤字和经常项目赤字的变化来看，2008年以前不断改善，在国际金融危机爆发后到2013年则有所恶化。财政方面，2008年以前，稳健的经济增长与制造业及服务业的发展使得税收收入增加，有效缓解了财政赤字。2000—2008年财政赤字持续缩小，中央与地方政府联合赤字占GDP比重由2000—2001财年的9.5%降低至2007—2008财年的4.1%，创史上新低。此后，受2008年金融危机影响，政府采取扩张性财政政策，财政赤字再次增大，财政赤字占GDP比重一直保持在7%以上。对外部门方面，经常项目主要受贸易项目波动影响。在出口快速增长与服务贸易顺差扩大的基础上，印度经常项目在2001—2004年为顺差，2004年开始转为逆差，但在2008年以前逆差规模都很小。2008年以后，经常项目逆差持续扩大，到2013年，经常项目逆差达到了GDP的5%。

在对整个时期的基本经济表现进行概括后，下面分别对不同时期政府的主要经济改革措施及其成效进行分析。

表4-1　印度2000—2017年实际GDP增长率及三次产业增长率　（单位:%）

	2000—2001	2001—2002	2002—2003	2003—2004	2004—2005	2005—2006	2006—2007	2007—2008	2008—2009
农业及相关产业	-0.1	6.3	-6.9	10.0	0.0	5.8	4	5.8	-0.1
工业	6.5	3.5	6.8	6	8.5	8.1	10.7	9.2	4.0
服务业	5.6	6.5	7.3	8.9	9.9	11.2	11.3	10.4	9.5
GDP（生产要素成本）	4.4	5.8	3.8	8.5	7.5	9.5	9.7	9.3	6.8

	2009—2010	2010—2011	2011—2012	2012—2013	2013—2014	2014—2015	2015—2016	2016—2017	2017—2018
农业及相关产业	1.0	7.9	5.0	1.2	3.7	0.2	1.2	4.9	2.1
工业	8.9	8.7	6.7	5.1	5.3	6.6	8.8	7.0	4.4
服务业	10.0	9.8	7.1	6.0	8.1	9.4	8.2	6.9	8.3
GDP（生产要素成本）	8.4	9.3	6.7	4.9	6.6	7.2	7.2	6.6	6.5

资料来源：Reserve Bank of India, Annual Report, 2000-2017。

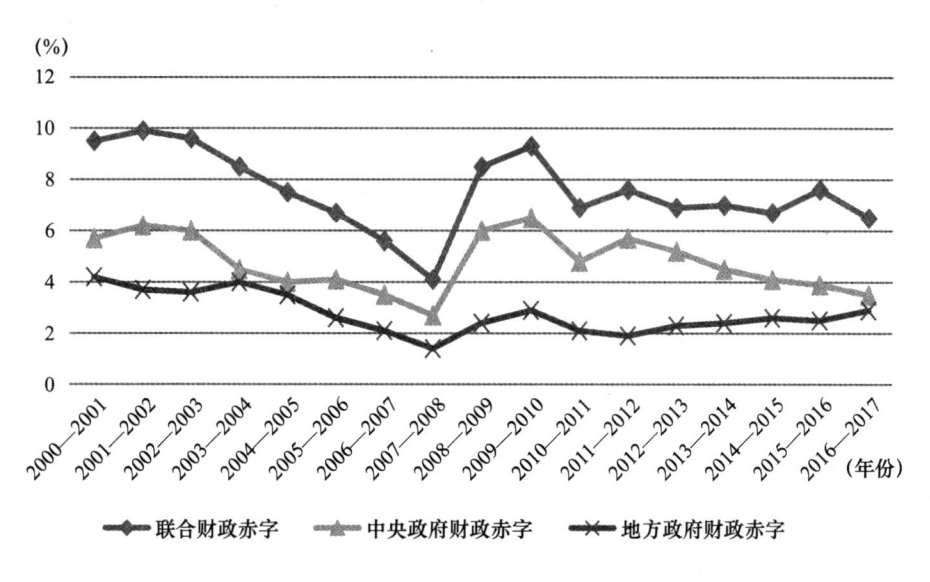

图 4-1 印度中央与地方政府联合财政赤字

资料来源：印度财政部，Economic Survey 2000-2017。

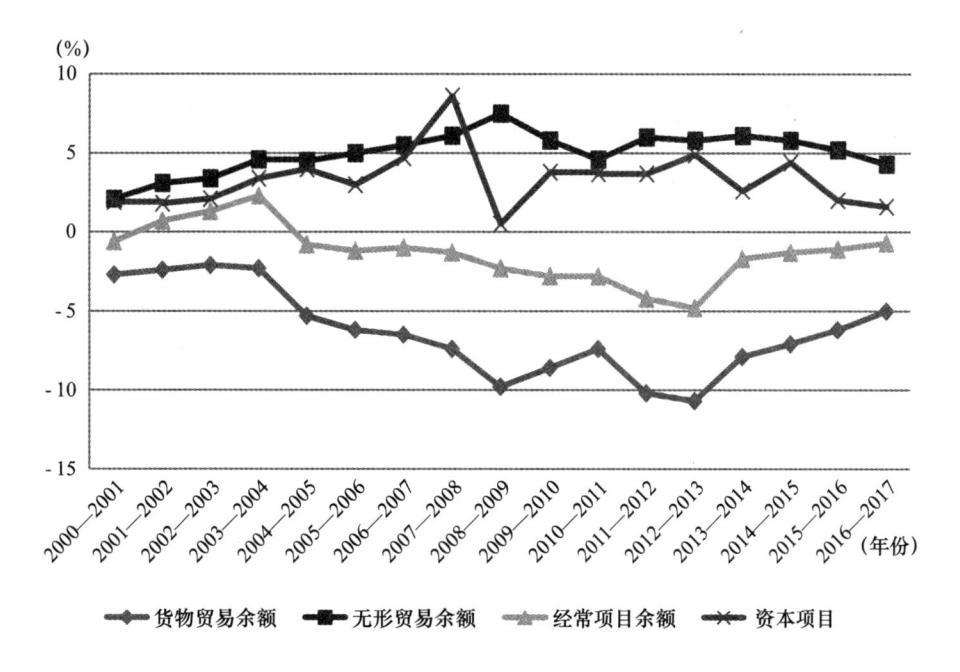

图 4-2 2000—2017 年印度对外部门状况

资料来源：印度财政部，Economic Survey 2000-2017。

（二）1998—2004 年：瓦杰帕伊政府时期的加速改革

1998 年上台的瓦杰帕伊政府，加快了经济改革的步伐，在财政改革、国有企业改革、扩大对外开放等方面都进行了较大力度的改革，而且在前几届政府基本没有涉及的农业领域也进行了改革尝试。这些改革措施，对印度宏观经济结构的改善起到了积极作用，为 2003—2008 年的经济快速增长提供了有力支持；但同时，改革也付出了较大的社会成本，成为瓦杰帕伊政府 2004 年大选落败的原因。

瓦杰帕伊政府推进的改革措施包括以下几方面。

第一，全面减少政府对经济的直接干预，这些措施的核心目标是改善政府的财政状况。采取措施包括：逐步废除管制价格，减少政府补贴；加速国有企业的私有化进程，出售部分非战略性国有企业。

第二，进一步扩大对外开放。采取措施包括：放宽对商品进出口的限制，取消了所有商品的进口配额限制，取消了关税附加税，并降低进口关税；选择性地放松对外资进入的限制，开放了更多的产业给外商投资；鼓励印侨资金流入股市；放松国内企业的对外直接投资限制。

第三，推行积极的产业政策。采取措施包括：大力支持发展信息产业和高科技企业。推进通信行业的基础设施建设开放，制定了专门的信息技术政策；对于电子通信、生物科技、核能和空间技术等高科技领域的发展制定优惠政策；把制鞋、皮革制品、玩具等劳动密集型产品从小型工业保护名单上删除。

第四，推进农业领域的改革。采取措施包括：推动私营公司以合同形式经营现代农业，推动农产品全国性市场的形成，改革粮食系统的经营模式等。

第五，财政体制改革。采取措施包括：财政收入方面，调整税收结构和扩大税基；财政支出方面，压缩中央政府开支，增加中央对邦政府的转移支付，扩大邦级政府的财权。

第六，金融体制改革。采取措施包括：降低银行利率，提高国有银行的自有资本比例，加快破产清算过程来解决银行不良资产问题，向私营部门开放更多的金融服务部门。

瓦杰帕伊政府的这些改革措施，让印度经济逐渐从1998年的困难中走出，但也造成了比较严重的社会问题。以产业政策为例，虽然印度的信息产业和高科技企业在这个时期获得了快速发展，成为印度融入全球化的典型代表，但这些行业只面向高技能劳动力，这就使得只有少数人群能够从这些产业的发展中受惠。

虽然我们也要看到，这种产业政策的选择与印度的劳动雇佣法律制度有一定关系，是一种无奈的选择，但毕竟最后只有少数人群能够从这样的经济增长中获得收益，形成了印度经济的"无就业增长"。同时，大力削减政府对生活必需品的补贴，在减少政府财政赤字的同时，也导致了低下阶层的生活成本上升，削弱了他们对于改革的支持。

（三）2004—2014年：曼莫汉·辛格政府时期的改革深化和调整

2004年上台的曼莫汉·辛格政府吸取印度人民党政府在高速经济增长中倒台的教训，对经济改革措施的推进更加谨慎。新政府提出，印度经济改革的重点、方向和速度需要调整，并发布《最低共同纲领》，制定六项执政原则：第一，保持和促进社会和谐，加强法制；第二，在10年或更长时期内，让经济在可持续基础上每年增长7%—8%，扩大就业队伍，保证每个家庭都有稳定收入来源；第三，提高农民和工人福利；第四，保证妇女权利；第五，为低级种姓和少数群体提供平等机会；第六，发挥专业人员的创造力。

为了实现上述目标，新政府采取的主要改革措施可以分成两类，第一类是继续推进自由化和市场化改革，第二类是增加对弱势群体的支持。

第一类政策可以视为印度已有经济改革措施的继续深化，其中比较重要的政策包括以下四项：

其一，继续放开私营部门的准入领域，到2014年，除了军工、原子能和铁路等少数领域外，其他领域都已经对私营部门开放。同时，印度政府还鼓励私营部门参加经济特区和基础设施建设。

其二，扩大外商投资领域，进一步放宽外商在合资企业中的股权占比。

其三，对本国企业对外投资进一步松绑。

其四，推进卢比在资本项目下自由兑换。

第二类政策则是针对前面改革中所产生的社会问题而进行的调整，也是辛格政府与瓦杰帕伊政府经济政策最大的不同之处，其中比较重要的政策有以下两项：

第一，保障低收入群体的就业。包括工作换食品计划和制定《国家农村就业保障法案》(*National Rural Employment Guarantee Act*，*NREGA*)。这两者的目的都是解决农村和城市贫困家庭的生活问题，营造一个社会保障网络。如后者试图保证为每个家庭提供不少于100天的最低工资工作机会。其做法是绕开官僚体系，向村级选举官员提供充足资金和决策权，希望通过把资金分配在善于经商的人手里，在促进农村地区发展的同时也解决农村居民的生活困难问题。

第二，增加对落后地区和农村地区的投资。中央政府增加对落后地区的转移支付，减免落后地区的政府债务；扩展对落后地区的金融服务，增加信贷规模；增加对农业开发和农村基础设施方面的公共投资。

但是，这些改变在使得印度经济增速达到创纪录高速度的同时，也让财政赤字和贸易赤字的双赤字问题变得严重，这意味着印度更加依赖外部资本流入。当印度遇到国际资本流动逆转时，面临着更大的冲击。而政府赤字的增加，也占用了其他部分的储蓄，印度经济的整体投资率呈现不断下滑趋势。同时，尽管辛格政府已经在尽力降低经济发展的不平衡性，但印度产业发展的不平衡问题依然突出，表现为印度产业的劳动密集度在下降。与大家认为印度人力资源丰富，理应在劳动密集型产业上表现良好的预期不同，印度经济反而在一些知识和资本密集型产业上发展更快，这也意味着印度经济的快速发展依然只能被少数人群所分享，印度经济增长的包容性并不高，这也制约了经济发展的可持续性。

（四）财政部门和对外部门改革

在对不同政府执政时期的政策总体方向进行描述

后，我们还需要对这个时期中的两个主要改革领域进行分析，即财政改革和对外部门改革。这两个部门的改革虽然在不同政府执政时期重点有所不同，但基本上前后政策之间存在很强的延续性。

1. 财政部门改革

首先是财政部门的整顿。这一时期，财政整顿的深化既有相关法律框架的确立与完善，也有税制改革的创新。

2000年，瓦杰帕伊政府颁布《财政责任与预算管理法案》（Fiscal Responsibility and Budget Management Act，FRBMA）并于2003年起正式实施。FRBMA要求中央政府以财政管理确保代际公平，减少影响货币政策实施的财政障碍，以充足的财政盈余促进宏观经济稳定并谨慎管理外债。FRBMA以2008年实现充足财政盈余为主旨，分别设定了各个年度的财政目标。财政责任法案于2007年前在26个地方政府得到推行，形成了全国税收改革的统一法律框架。

2002年，印度财政部成立了两个工作小组，分别针对直接税与间接税进行改革。2008年金融危机前，在经济高速增长与税制改革的双重作用下，财政总收入及税收收入持续上升，有效缩减了财政赤字，到金融危机前，印度政府基本实现了收支平衡。FRBMA颁布后，中央政府税收总收入占GDP比重由2003—2004财年的9.2%上升至2007—2008财年的11.9%。

直接税方面，通过完善立法与税率合理化，扩大了税基并有效促进了直接税的合规征缴。通过改革，直接税收入占总税收收入的比重不断上升，2009—2010财年占总税收收入的58.9%，达十年来最高。2010年，政府颁布直接税法案（Direct Taxes Code, DTC）并于2012年起正式实施。该议案简化并统一了税目名称，致力于保持直接税税率稳定并加强国际业务与外国公司的纳税管理，逐步将税收优惠由利润导向转为投资导向，推动企业投资增长。2009年以前，在宏观经济增长、企业利润增加的背景下，公司税收收入占总税收比重呈上升趋势；2010年后，受到卢比贬值、企业利润下降、经济特区及特定行业税收优惠等因素的影响，公司所得税所占比重不断下降。

表4-2　　　　印度2000—2017年财政收支状况

	2000—2001	2001—2002	2002—2003	2003—2004	2004—2005	2005—2006	2006—2007	2007—2008	2008—2009
财政收入	18.0	17.5	18.5	18.8	19.7	19.1	20.4	21.3	19.9
税收收入	14.5	13.8	14.6	15.0	15.8	15.6	16.9	17.6	16.6
直接税	36.2	37.0	38.4	41.3	43.3	43.0	46.4	49.9	52.8
个人所得税	16.8	17.1	17.0	16.3	16.2	15.3	15.9	17.3	17.5
公司所得税	18.9	19.6	21.3	25.0	27.1	27.7	30.5	32.5	35.3
间接税	62.9	62.1	60.7	57.9	56.1	54.4	51.0	47.0	44.5

续表

	2000—2001	2001—2002	2002—2003	2003—2004	2004—2005	2005—2006	2006—2007	2007—2008	2008—2009
关税	25.2	21.5	20.7	19.1	18.9	17.8	18.2	17.6	16.5
消费税	36.3	38.8	38.1	35.7	32.5	30.4	24.8	20.8	17.9
服务税	1.4	1.8	1.9	3.1	4.7	6.3	7.9	8.6	10.1
财政支出	24.6	24.5	25.2	24.6	23.4	21.8	21.7	21.5	24.3

	2009—2010	2010—2011	2011—2012	2012—2013	2013—2014	2014—2015	2015—2016	2016—2017	2017—2018
财政收入	18.7	20.3	19.4	19.8	19.7	19.2	21.4	22.5	/
税收收入	15.2	16.1	16.5	17.0	16.4	16.2	17.4	17.6	/
直接税	58.9	55.3	54.9	53.4	55.8	55.4	50.6	48.3	/
个人所得税	19.6	17.5	18.5	19.0	21.0	20.8	19.3	19.9	/
公司所得税	39.2	37.7	36.3	34.4	34.8	34.6	31.3	28.4	/
间接税	39.2	43.4	44.1	45.7	43.7	43.8	48.9	50.4	/
关税	13.3	17.1	16.8	16.0	15.2	15.1	14.5	13.2	/
消费税	16.5	17.4	16.3	17.0	14.9	15.2	19.8	22.3	/
服务税	9.4	9.0	11.0	16.8	13.6	13.5	14.6	14.9	/
财政支出	24.4	23.5	23.6	23.3	23.0	22.5	24.2	24.7	/

* 财政收入、税收收入、财政支出单位为占以市场现价计算的 GDP 百分比；直接税与间接税及其细分税种单位为占财政总收入百分比

** 部分数据根据"Accounts At a Glance, 2016 – 2017"计算得出

资料来源：印度财政部，Economic Survey, 2005 – 2006, 2010 – 2011, 2016 – 2017; Accounts At a Glance 2016 – 2017。

间接税方面，2010 年以前，消费税与关税收入的减少使间接税收入占总税收比重持续降低，而在 2010 年以后受服务税收入增加影响而上升。通过 2017 年正式落实的商品和服务税（Goods and Service Tax, GST），

将会有效提高间接税的征缴效率,将从中期推动间接税比重的上升。

2. 对外部门改革

在经常项目方面,印度政府延续了1990年代以来自由化的外贸政策,尤其重视服务出口的发展。2002年瓦杰帕伊政府提出2002—2007年度中期出口战略(Medium Term Export,MTE),以2007年商品出口贸易总额达世界贸易总额1%为目标。该目标最终以印度占世界出口份额达到1.1%而超额完成。MTE具体措施包括:加大对经济特区扶持力度、给予重点部门及特别出口地出口优惠、放宽出口企业信贷等。2004年曼莫汉·辛格政府上台后制定了新的五年对外贸易政策(Foreign Trade Policy,FTP),该政策强调对服务出口的扶持,涵盖以下几个方面:第一,划定多个具有出口潜力的重点推进部门,对这些部门的投入品施行自由进口;第二,提出出口"目标+"(Target Plus)计划,出口企业可根据出口量的增长获得不同额度的免税贷款;第三,将过去的出口免税信贷计划更名为"印度服务"计划(Served from India Scheme),覆盖印度本国服务出口企业,同时成立服务出口促进委员会,以打造印度服务出口的世界品牌;第四,通过建立自由贸易与仓储区(Free Trade and Warehousing Zone,

FTWZs）为服务出口提供基础建设便利与税收优惠；第五，对所有出口服务免征服务税并进一步简化对外贸易相关的行政程序。

在上述改革背景下，印度经常项目于2001年出现1991年全面改革后的首个顺差，并在2003年顺差达140.83亿美元（占GDP比重2.3%）。在世界经济转暖与本国制造业蓬勃发展的同时，2008年以前印度进出口总体增长强劲。进出口平均增速分别为25.8%与20.9%，大大高出1990年代9.7%和8.6%的平均水平。随着本国服务出口的发展，服务贸易占GDP比重连续多年保持上升，2008—2009财年达7.5%；2009年软件及信息服务出口位居世界第二，占世界服务总出口的1.8%。服务贸易顺差在一定程度上弥补了商品贸易赤字带来的压力。2008年后，受国际金融危机与欧洲债务危机影响，商品部门逆差扩大，同时服务贸易增长也有所放缓，使得印度整体经常项目逆差持续扩大，2013年接近GDP的5%，这也成为印度宏观经济脆弱性的重要体现。

在资本项目方面，进入21世纪以来，在政府鼓励外资流入、金融部门蓬勃发展与基础设施改善的背景下，印度对外国资本的吸引力日益加强，资本项目持续顺差并在2008年金融危机前不断扩大。2007—2008年资本项目顺差达1091.98亿美元，占GDP比重达

8.6%；2009—2010年降低至516.34亿美元，此后两年增长缓慢；2013年后波动下行。

外商直接投资是资本项目波动的重要影响因素。外资引入方面，印度政府延续了1990年代以来扩大外资可进入领域、提高或取消外资持股比例上限的政策。

瓦杰帕伊政府时期，延续和扩大了此前制定的外商直接投资促进政策，这些措施主要包括：第一，推动基础设施投资领域对外资开放，将免征5年税收的优惠扩大到基础设施建设的直接投资，对发电、配电、道路、港口等基建领域，允许外资在不超过150亿卢比的项目中全额持股并自动获得批准；第二，推动金融部门对外资开放，包括允许在信用卡和货币兑换等非银行金融部门进行直接投资，允许外资进入商业银行部门等；第三，推动电信产业对外资开放，允许外资在私营移动卫星通信服务投资；第四，减少对外资的歧视性待遇，允许外资在印度设立联系处和代理处等。

曼莫汉·辛格政府时期，虽然没有对外资政策进行大幅改革，但对外商直接投资政策进行了整合。2010年，外商直接投资（FDI）政策由过去分散的法律条款整合为统一的《外商直接投资政策》（Consolidated FDI Policy）。该政策由产业政策和促进部（Department of Industrial Policy and Promotion，DIPP）每六个月颁布一次。

五 2014年至今：莫迪政府的改革愿景

2014年，印度人民党在人民院选举中获得大胜，莫迪当选总理。莫迪政府在2014年竞选中提出了一系列雄心勃勃的改革计划。作为30多年来在议会中地位最为强势的一届政府（30多年来首个单独一党取得人民院过半数席位的政府），莫迪在其刚上台之初引起了很大反响，比如曾经一度让印度超过中国成为吸引FDI最多的发展中国家；印度的经济增速在2014年和2015年持续提高（当然也与其统计方法调整有关），增速超过中国，成为主要经济大国中经济增速最快的国家。但是，印度经济的表现在此后出现了下滑，经济增速在2016年和2017年持续下滑，印度实际吸引的外资规模也没有出现持续增长；另外如"印度制造"这样的项目，也并没有实现让印度经济中制造业占比上升的目标；最后，印度经济的"无就业增长"

模式依然并没有使增长的惠及人口数量显著提高。尽管存在种种问题，但莫迪政府在2019年的人民院大选中再次获胜，而且其政府在人民院中的执政优势进一步扩大，这为其将来继续推进改革创造了条件。

对于莫迪上台5年以来的改革成绩，正如印度这个国家的多元化一样，各界的评价也呈现出多元化。一些评论者认为莫迪政府只是延续了印度以往的政治格局，其改革带来的成效并不大，并没有给印度带来根本性改变；另一些评论者则认为莫迪政府在其力所能及的范围内，已经大大推动了很多原来长期停滞的改革。

（一）经济领域主要改革措施

曼莫汉·辛格政府的第二任期因受困于腐败丑闻而难有作为，因此在莫迪就任之前，印度的经济结构改革已失去动力。一般认为，相比国大党，印度人民党的政治立场更加偏向于城镇工商业者，因此在市场化方向的改革上更为坚定。虽然莫迪政府所推行的很多改革措施，实际上并没有偏离此前连续执政10年的国大党政府的基本方向，很多政策其实只是执行了上一任政府已经公布的计划，但在推动这些政策的时候，莫迪政府的态度无疑更加坚决。

在莫迪主政下，印度结构改革在许多领域取得了实质性进展，如放松汽油和柴油价格的管制、进一步开放外商直接投资、提高劳动力市场灵活性，以及推行直接福利转移系统、商品和服务税以及破产清算法等方面。尤其是，此前大家普遍认为，中国和印度之间的一个重要区别就在于中印两国在完成大型项目的速度和能力方面存在严重差距，而莫迪政府在这个方面取得了积极进展，拉近了两国之间的差距。

我们首先梳理一下莫迪政府在经济领域所采取的各项改革措施，以及这些措施背后的经济学含义。我们可以分对内政策和对外政策两部分来看，其中对内政策中，市场化政策较为重要，因此单独列出。

1. 国内市场化政策

在国内经济政策上，莫迪政府经济改革的主要方向依然是进一步市场化，以此来提高产品和要素的配置效率。这主要体现在两大方面，第一个方面是降低最终产品和服务的流动成本，构建统一大市场；第二个方面是降低要素的流动成本，提高社会生产潜力。

第一个方面，产品市场的改革，目前取得了一定的进展，主要体现在 2017 年 7 月 1 日正式实施的商品和服务税（Goods and Services Tax，GST）改革。这是印度一直久拖不决的流转税制改革的重要一步，虽然改革并不彻底，但对于印度构建统一的国内市场具有长远意义。作为一个典型的发展中国家，长期以来，政府税收能力不足和税制烦琐是妨碍印度国家能力建设的重要障碍。在1990年代开启的改革中，印度的所得税制获得较大的改革，但是对于经济起飞更为重要的流转税制改革却一直拖延。早在2000年，瓦杰帕伊政府时期就曾经成立委员会探讨GST框架。2006年，辛格政府的财政部部长奇丹巴拉姆制定路线图宣布2010年4月1日正式实施，但后来因为种种原因而不断推迟，直到辛格政府下台也依然无法实现。2014年莫迪上台后，虽然这项改革也几经推迟，但终于在2017年年中成功实施。

在这一次改革前，虽然印度的流转税体系已经在2005年前后进行了初步改革，但印度国内的流转税体系依然非常庞杂，包括中央消费税、消费税附加、关税附加税、关税特殊附加税、教育费附加等几十种。2017年7月1日改革后，中央商品和服务税（CGST）、邦商品和服务税（SGST）、综合商品和服务税（IGST）三种税已经取代了上述所有税种。从改革的性质来看，印度2017年推动的GST改革，有点类似于中国1994年的工商税制改革，都是把原本复杂而零碎的流转税制改造为更加统一规范的税制，这一改革将为后续产品市场的发展提供重要的推动力。

当然，印度的 GST 改革离完善税制还有相当大的距离。首先，即使在 GST 内部也依然存在多档税率以及例外商品，三种 GST 并存的二元征收结构也足够复杂，并对经济运行依然有很强的扭曲；其次，在税收系统电子化等税收征管现代化方面还有很多需要改进的地方。因此，一些学者对此次改革的评价是，印度用世界上最复杂的商品和服务税制度取代了世界上最复杂的支离破碎的增值税制度。

第二个方面要素市场的改革是更为根本的改革，但到目前为止进展不大，某些方面的改革还被认为产生了负面效果。现代经济中较为重视的投入要素主要为资本、劳动力和土地。相比资本市场，更多的人认为，妨碍印度经济发展的主要因素是土地市场和劳动力市场的发展不足，因此印度国内的改革焦点也集中在这两种要素上。

在土地改革上，最重要的是征地法改革。印度的土地制度被认为是工业发展的重要障碍，这方面有相当多的著名案例，印度本土企业和外国企业都曾因为土地征收问题而使其项目迟迟无法实施乃至流产。虽然在2013年，国大党国会通过《土地征收法案》，取代了1894年的旧法案，但是这一法案对于土地征收的要求依然非常苛刻，被认为难以实现土地的有效流转，依然严重阻碍了基础设施建设和工业化。莫迪政府上台后，曾多次表示要修改该法案，使其更适应工业化用地需求。2015年4月，人民院通过《土地法》修改草案，放松征地条款，规定对于基础设施建设用地和重要工业用地计划，即所谓"公共用地"计划，政府可以不经农户许可，直接按照市场价进行收购，同时通过工厂工作名额进行附加补偿。此外，该草案免去了此类征地项目烦琐的社会及生态环境评估，以此加快项目推进的速度。但是该草案在反对党控制的联邦院中并没有获得通过。在此之后，法案就一直搁置。莫迪政府试图通过让各邦自行立法的方式来进一步推动，但该项改革因为涉及太多利益，很多农民认为其利益在改革中严重受损，对改革的抗议活动在印度全国此起彼伏，因此这项改革整体上并没有获得太多进展。

在劳动力改革上，历史上留下来的各种盘根错节的相关法律体系是改革的最大障碍。印度在劳动力相关领域的立法大多是殖民时代和计划经济时代遗留下来的劳动法案（如1926年《工会法》、1947年《劳资纠纷法》、1948年《工厂法》、1970年《劳动合同法》等），这些法案导致印度成为全球管制最为严格的劳动力市场，阻碍了劳动力要素的流动和市场竞争，尤其是不适应全球化竞争环境。这些本意是保护劳动者的立意良好的立法，现实生活中经常产生相反效果。比如，因为《劳资纠纷法》对于解雇员工的要求过于苛刻，反而使得大量企业不愿意雇用正式员工，导致在印度经济中很多劳动法律只适用于10%的正规部门就业人口，大量的就业人口反而因此处于完全没有法律保护的状态。莫迪上台后，重新将劳工制度改革提上了日程。到2014年年底，对1961年《学徒法》和1988年《劳动法》的两项修正案因为争议不大，在议会两院均获得通过。但是对更为重要的《工厂法》的修订在人民院通过后，在联邦院中被否决，因此一直处于搁置状态。上述改革虽然受到了企业界的欢迎和赞扬，但遭到工会的批评。10个主要的全国性工会自2015年起连续在每年的9月2日举行全国性罢工。进入2017年和2018年以后，各种罢工规模越来越大，频率也越来越高。从短期来看，莫迪政府再次推动劳动法改革难度很大。在全国性改革难以推动的情况下，莫迪政府再次试图在印度人民党执政的拉贾斯坦邦、中央邦和古吉拉特邦进行部分改革，但也正是在这三个邦，印度人民党在2018年12月的邦议会选举中遭受重大失利，并失去了在其中两个邦的执政地位。

总之，在涉及劳动和土地这两个要素的立法方面，莫迪政府在联邦层面的立法努力屡屡遭到反对党在联邦院的反对而搁置；此后，改革试图绕过联邦层面而在地方推进，但目前仍未取得太大的进展。

2. 其他国内经济政策

除了继续推进上述市场化改革外，在其他领域莫迪政府也采取了不少相关措施，其中在政府经济管理部门方面的改革最值得关注。2014年莫迪上台后，就致力于对印度国家的经济管理机构进行改革。2015年，印度国家计划委员会（Planning Commission）改组成"印度国家转型委员会"（National Institution for Transforming India，NITI Aayog）。与制定印度经济发展"五年计划"的国家计委（Planning Commission）不同，新机构被寄望承担智库或论坛的角色，就国内外重要问题向印度中央和地方政府提供"战略和技术建议"，而不是直接承担配置资源的角色。对比国家计委和国家转型委员会，两者的一个重要区别在于其成员构成的不同。国家计委由总理和各中央部委首长组成；国家转型委员会则由总理和各邦首席部长组成。这意味着其职能将发生重要变化，从一个为中央服务的机构转成一个协调中央和地方关系的机构。与这一机构改革相配套，在2016年第十二个五年计划完成后，印度废止五年计划安排，并从2017年开始推出十五年发展远景规划取而代之。

此外，在推动政府部门行政效率提升上莫迪政府也做了不少工作，包括推动数字化管理，简化开办企业的手续等。如推动政府部门开展网上办公,让企业的申请和审批程序都可以在网上进行,并随时获知事项办理进展;在向农民和低收入者提供补贴时,将补贴与身份认证系统和手机号码联系在一起,减少中间环节的损耗。

另一个值得重视的改革是社会领域的改革。上一届印人党政府(瓦杰帕伊政府)曾因对农村地区不重视而在经济形势一片大好中下台,在吸取其教训后,莫迪政府也强调了针对底层民众的普惠措施。这些措施包括"厕所革命"、减少中间腐败的直接福利转移系统的建立、承诺让所有农村用上电、承诺在2022年前让所有人都拥有住房等。虽然这些措施在实施过程中往往都无法全面兑现,但依然使得下层民众获得了一定实惠,同时加上2015年和2016年相对友好的国际环境(油价下跌)和国内经济环境,印人党在2015年和2016年的地方选举中不断获得胜利。

在金融领域的改革,主要是简化破产程序,加速银行不良资产的出清。在2014年莫迪上台时,印度的破产法依然非常老旧,严重降低了印度金融体系的运行效率。首先,破产清算流程的复杂使得债权人在讨回欠款时往往要听从借款方的意愿。这就让大规模借款者能利用这一情况强迫债权人重新谈判贷款条件,最后的结果往往导致银行等债权人难以追回欠款,反而因为不断债务重组而反复产生大量不良资产。资本受损的银行只能避险惜贷，减少对企业的贷款，从而导致投资下降和经济下滑，这又将进一步导致资产质量恶化，进入恶性循环而导向金融危机。最后，政府为了避免上述机制导向金融危机，只能使用纳税人资金对银行进行资本重组。2015年，印度央行对商业银行资产质量进行了一次评估，发现国有银行有高达12%的不良贷款率，印度企业和印度银行业的财务问题凸显。在强大的舆论造势和外部不利经济环境的压力下，印度社会终于达成了共识，并推动印度政府在2016年5月迅速通过了破产清算法，一方面简化了破产程序；另一方面还引入了破产清算时间限制。印度央行力图利用这部法律来加速不良资产的清理，同时试图通过制定严格的贷款偿还规则减少未来不良资产产生的范围。但是破产法在现实执行中受限于法律资源，依然有不少问题。如引入新法案以来，已经有多达1.2万宗诉讼，但由于印度国家公司法法庭（NCLT）的资源限制，案件处理进展依然慢于预期，这仍然需要进一步的措施来解决。

金融部门的改革还包括对"黑金"泛滥和非正规金融发达等现象的治理。莫迪政府尝试通过废钞令这一激进手段来打击这些现象，但废钞令被广泛认为严重打击了作为印度就业市场主力的中小企业，成为经济下行的原因之一。

3. 国际经济政策

在对外经济政策上，莫迪政府的主要出发点是提高本国经济竞争力，改善本国的国际收支，体现为两大方面：第一是在商品贸易上，促进出口和限制进口，以改善贸易逆差；第二是在资本流动上，大力鼓励外资进入印度，对外资开放更多的投资领域。

在商品贸易上，面对着中国劳动力成本提高和印度大量年轻人口进入劳动力大军这两个条件，印度政府认为印度理应成为劳动力密集型产业的下一个生产和出口基地。莫迪刚上任就提出"印度制造"的口号。"印度制造"的目标是在2022年使制造业占GDP比重从现在的15%提高至25%。据估计，这个目标如果实现，将可以让印度在7年内创造出1亿个就业机会。"印度制造"这一战略被认为具备可行性是出于两方面的考虑。一方面，过去20多年的高速发展使得印度在制造业方面取得了不少进展，一些产业初步具备了国际竞争力，印度在越来越多主要工业品产量和出口量上的排名均迅速上升。比如，在主要工业品产量上，印度的粗钢产量在2017年首次突破1亿吨，成为中国和日本后的世界第三大钢产国，且预计很快就会超越日本。印度政府制订的计划是到2030年实现钢产量突破3亿吨，而研究机构的预测是到2030年产量应该达到2.5亿吨，但不管是哪个数字，都意味着印度在未来可能成为世界历史上除了中国以外，唯一一个粗钢年产量突破2亿吨的国家；另一方面，印度长期以来的商品贸易赤字使得印度政府一直存在实现进口替代的压力。与这一口号相配套，印度一方面积极鼓励海外企业投资印度；另一方面通过提高关税等手段强制那些以印度为出口目的地的产业在印度投资设厂。其中一个例子是，莫迪上台以来不断提高手机整机的进口关税，迫使各大手机厂商在印度投资建设手机装配工厂；并且随着时间推移，不断提高手机配件的进口关税，以此提高手机配件的国产化程度。

在资本流动方面，印度为吸引外资采取了不少改革措施，通过宣示"新法规、新流程、新产业"来打造友好的经营环境。

首先，在外资管理法规方面，进一步放开对外资的审批权限，到2017年，由于绝大部分产业的外商直接投资已适用于自动审批，成立25年的外国投资促进委员会（FIPB）被废除。

其次，印度不断加大产业的对外开放程度。莫迪政府上台后，为配合"印度制造"战略发展和改善经商环境，进一步在国防、铁路基础设施、建筑发展部门等领域对外资开放，同时不断降低对外国资本持股比例的限制。截至2016年，除综合零售业、博彩业等10项禁止产业外，绝大部分产业已全部或部分对外商直接投资开放。

最后，提出了新的"工业走廊计划"。工业走廊计划是印度在吸引外资和实现"印度制造"计划中最重要同时也最困难的部分，该计划一共包括5条路线：德里—孟买工业走廊（DMIC）、清奈—班加罗尔工业走廊（CBIC）、东海岸工业走廊（ECEC）、阿姆利则—加尔各答工业走廊（AKIC）以及班加罗尔—孟买工业走廊（BEMC）五大走廊。这五个走廊最终形成了一个环，构成了印度今后制造业发展的重要基地。其中，最核心的工业走廊是连接了印度两大中心的"德里—孟买工业走廊（DMIC）"，全长1483公里，由印度与日本政府共同合作建设。印度政府预期该走廊的建设可带领印度经济持续成长20年以上。与工业走廊计划相配套，印度各地还建立了大量的"经济特区"，并在企业利润、土地等方面给予区内外资企业优惠政策。

上述政策产生了不错的效果，2016—2017财年FDI流入达434亿美元，创历史新高。在世界银行每年年底公布的全球经商环境排名中，印度已由2016年的第130名跃居到2017年的第100位，并进而在2018年提高到第77位。而从外资的行业结构上看，2012—

2016年制造业FDI流入已经超过服务业。

（二）印度经济改革的核心障碍分析

1. 改革绩效

对于这些具有长期推动效应的改革措施，虽然我们不能指望一两年就看到全部成效；但从直接经济指标的表现来看，这些改革措施并没有令印度经济发展发生质的改变。

通过宏观经济统计数据来看，莫迪的改革政策，虽然在其刚上台的2014年引起了很大的反响，但是这些效应在短短的几年里就已经消散，印度经济在经历了2014—2016年的反弹后，最近几年增速明显下滑。莫迪改革的效应一度促使印度超过中国成为吸引FDI最多的发展中国家，但是印度实际吸引的外资规模在2016年和2017年反而持续下滑（见图5-1）。另外如印度制造这样的项目，不仅离其原定目标（到2022年使制造业占GDP比重提高至25%）相去甚远，甚至在短期内，印度经济中制造业的占比还出现了下降（见图5-2）。

同时，印度经济增长包容性不足，增长惠及人口数量过少这一现象也没有明显改善。印度每年进入劳动年龄的1200万人口中，绝大多数依然只能从事非正

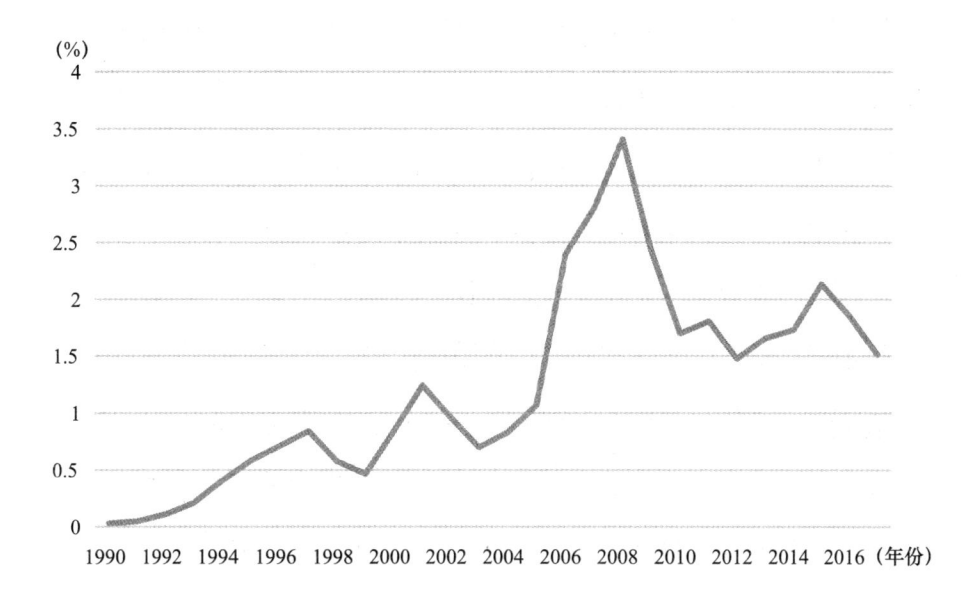

图 5-1 印度吸引 FDI 占 GDP 比重变化

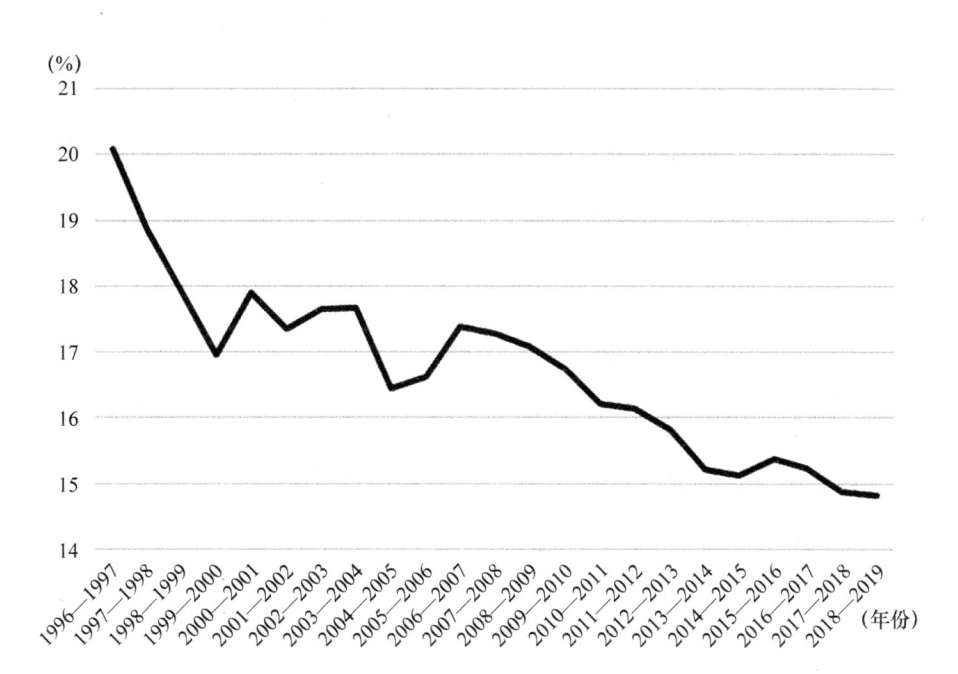

图 5-2 印度制造业产出占 GDP 比重

(1996—1997 财年到 2018—2019 财年)

规部门，产出效率很低。经济增长的收益集中被少数人分享，使得国内收入差距不断扩大。凭借着要为印度提高就业口号上台的莫迪，在执政的头几年里却面对着失业率的不断上升。在其刚上台的 2014 年，印度失业率处于金融危机后的最低点；到了 2017 年则已经上升到 2013 年国大党下台前的水平，并在最近两年继续攀升。此外，印度经济监控中心研究还显示，废钞令推出后，印度劳动参与率急剧下降。在就业绝对人数上，2018 年 10 月印度就业人数为 3.97 亿人，与 2017 年同期的 4.07 亿人相比，下降 2.5%。

另一件引起争议的事情是 GDP 统计方法的改变和实际经济增速之间的关系。2015 年 2 月和 2018 年 2 月，印度两次进行 GDP 统计方法的修订。第一次把要素成本法改为市场价格法（这种方法下，GDP 增长和就业增长之间的关系变弱，无就业增长的现象更容易被忽视），并把基准年从 2004 年 5 月变成 2011 年 12 月；第二次把基准年份从 2011 年改为 2017—2018 年。在第一次修改中，在其他经济指标更接近 5% 左右的经济增速表现时，2013—2014 财年的经济增幅竟然从调整前的 4.7% 瞬间跃升至 6.9%，这引起了众多经济学家的质疑。而 2018 年的再次修改，也被不少人认为是莫迪为了 2019 年大选而想出来的数据美化方法。

虽然存在上述争议，但大家的普遍共识是：莫迪政府依然是历届印度政府中最为高效的政府。根据美国战略和国际问题研究中心（CSIS）的研究，在莫迪上台之初承诺的 30 项改革内容，根据专家打分，到 2017 年 7 月，已经完成了 9 项，虽然不能称作完美，但在印度历届政府中已算是非常高效。

2. 政治障碍

经济改革必然会带来利益的重新分配，这给奉行多党制而且选举频繁的印度带来了很高的政治成本。以莫迪政府目前为止最为成功的商品服务税（GST）改革为例。即使是这么一项几乎被所有经济学家都认为必须推行的改革，在现实推动过程中也受到了不少质疑，而部分质疑来自之前在执政时同样希望推动该项改革的国大党。首先，虽然流转税在名义上得到了统一，但是现行 GST 税制依然足够复杂，这种复杂性被批评会导致对中小企业的伤害，因此受到主打中下阶层利益牌的各种反对党（包括国大党）的反复批判。其次，GST 改革还有一定的区域收入再分配作用。GST 改革使得原来收入较少的北方、中央以及东北部地区各邦获益，而南部、西部等原来经济较为发达的地区受损。印人党 2017 年在北方和东北部地区地方选举中的获胜，以及 2018 年在西部和南部选举中的受挫也充分说明了上述影响。

印度较为松散的联邦体制也是改革的重要障碍。根据印度宪法，印度实行联邦制，中央政府和地方政府在一些事务上各自有着排他管辖权。比如，联邦议会在对外贸易、证券交易、营业税、公司所得税和资本利得税等事项上享有排他立法权；邦级议会则在农业、土地和矿山等事务上拥有排他管辖权。因此，在涉及土地开发等邦级议会事项时，中央只能劝说或者用资金来引导各邦采取它所希望看到的政策而无权进行直接干预。此外，还有包括教育、公共健康、电力等47项事务属于中央与地方共管。中央和地方之间的关系一直以来都是阻碍全面经济改革的重要因素。事实上，1991年改革至今，以及2014年莫迪上台后取得的较大进展的改革措施，基本上都集中在联邦政府具备管辖权的对外贸易、引进外资等事务上，GST改革是少有的能够在中央和地方共管事务中取得的进展。在全部邦一级政府中，印度人民党只在1/3左右的邦中执政，尽管莫迪通过行政改革，力图改善央地关系；同时也把经济发展的权利逐步下放给各邦。但是，随着改革的进一步深入，不可避免会伤害到一些地方政府的权益，这妨碍了进一步改革措施的推动。面对这一局面，莫迪采取的对策是强调中央和地方的协商与合作，并鼓励各邦在行动自主的基础上开展竞争。

另一个经济改革的障碍来自印度的政治经济二元

格局。在快速工业化和城市化的印度，农业在经济中的占比已经不到15%，但印度仍有大约45%的劳动力在从事农业，而在选举中农村则意味着60%以上的选票。因此就出现这样的局面，城市部门在经济中占据主导地位，而农村部门则在政治中占主导地位（一种说法是：钱来自城市，而选票来自农村）。这种政治和经济地位的不对称，使得印度的政治议题与经济议题之间产生脱节。选举中政治家往往会牺牲经济改革所可能带来的潜在利益来换取政治利益。虽然莫迪政府在议会中的强势一定程度上削弱了这种现象，但随着2019年大选的临近，也能发现莫迪的政策正在发生类似的变化，莫迪在公开演讲中的关键词也逐渐从投资、企业转向农村、农民和穷人。当经济改革首先受困于政治选举时，政治选举中的各种身份政治因素又会反过来影响经济改革的进展。因此，不管是宗教、种姓还是民族因素，都会被牵扯进经济改革计划的制定中，从而进一步加大了经济改革的复杂性，使经济改革的推进更加困难。

作为一个利益多元化的政治体制，印度国家的一个重要特点就是只有在危机到来的时候才能体现出较强的政治意志，推动之前难以推进的改革措施。事实上，回顾印度历史上的历次重要经济变革，都是在遭遇较大危机情况下推出的，包括1991年国际收支危机，以及2014年的新兴经济体危机。

（三）莫迪政府经济改革的未来展望

首先，莫迪政府的执政基础依然稳固，其政治优势甚至还将继续扩大，这有助于其推进难度较高的改革，啃下硬骨头。2016年9月美国皮尤研究中心公布的民调显示，民众对莫迪的支持率高达80%—86%，是继尼赫鲁之后最受民众欢迎的政府领导人。虽然在2016年废钞令和2017年GST改革中受到了不少非议，但其政治资本依然雄厚。随着2019年印度人民党再次取得大选胜利，印人党继续获得人民院的过半席位且优势有所扩大，莫迪政府的执政优势还在扩大，其在未来通过各种新改革法案的能力得到了提升。尤其值得注意的是，随着联邦院的陆续改选，印度人民党及其盟友几乎肯定在2020年以后获得联邦院的过半席位。这将意味着前面一些在联邦院搁浅的新法案有望在2020年后获得通过。尤其值得关注的是土地和劳动力这两大核心生产要素的相关改革法案，一旦这些法案能通过实施，印度经济有望大幅提升其对国际资本的吸引力。

其次，也要看到印度经济目前和未来所面临的困难。

在目前面临的短期困难中，其中一个突出问题是一直困扰印度经济的增长结构问题。印度过去20多年经济发展中，受惠最大的是城市部门和富人阶层，"无就业增长"一直是印度经济增长的心病。在2016年和2017年的几项改革中，包括废钞令和GST税改，受到最大冲击的也正好是农业、建筑业及街头零售等劳动密集型行业。这一度让执政党在地方选举中频遭失利。同时，人工智能（AI）技术对印度服务出口的影响也对印度失业问题造成进一步打击。随着AI技术的广泛应用，机器和软件可进行更多IT辅助工作和后台任务，这严重打击了印度的外包产业。这种趋势已迫使印度多家IT企业大幅裁员，由自动化和智能化引发的下岗冲击波在印度比其他国家更为严重。另一个迫切问题是投资的不断下滑。在一个劳动力丰富而资本相对稀缺的经济中，固定资本形成对于经济增长非常重要。印度固定资本形成占GDP比重在2003年以后迅速上升，在大约5年时间里提高了10个百分点，这个时期投资率的上升与储蓄率相匹配，也与印度经济这个时期的高速增长相一致。在2008年金融危机后，印度投资率在2014年之前虽然一直维持在35%左右，但随着这个时期国内储蓄率的显著下降，印度的投资增长严重依赖国际资本流入。2013年以后，随着国际资本流动方向的逆转，固定资本形成占GDP比重已经连续 4 年低于 30%。与此相伴，印度经济增速也开始下滑。印度国内企业和银行资产负债表的恶化，以及国际资本流动方向的逆转，都可能会让印度经济的投资持续低迷，从而让莫迪政府的宏大发展计划受挫。

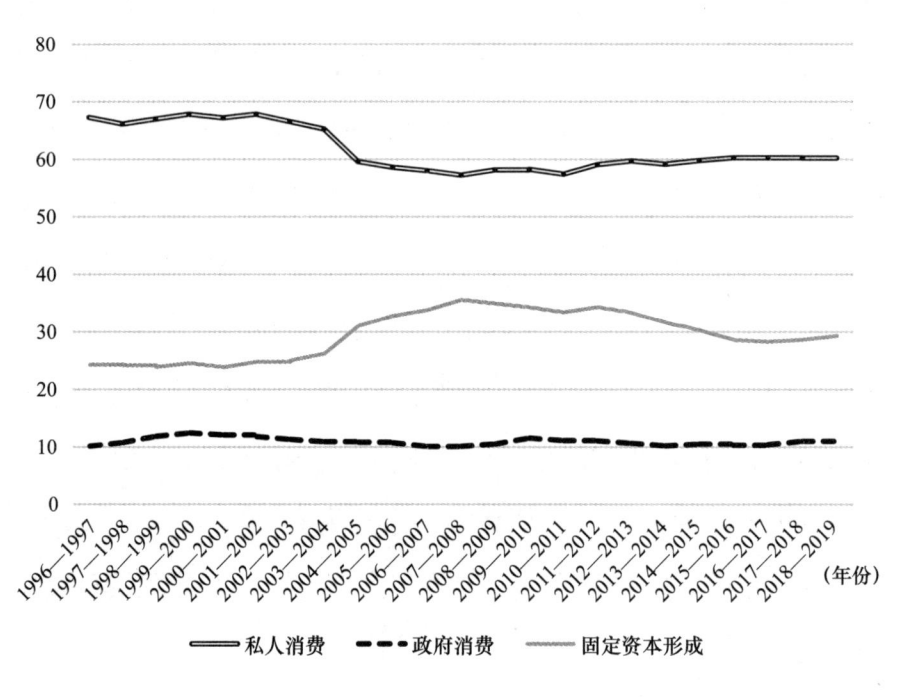

图 5-3　1996 年以来印度消费和投资占 GDP 比重的变化

莫迪政府的发展计划还面临一些长期挑战。

首先是人口红利实现的障碍。基础教育质量是阻碍印度实现人口红利的重要障碍。印度 15—64 岁人口比重从 1966 年以来就不断提高，并且在 1990 年以来加速上升，从 1990 年的 58.2%，上升到 2000 年的 60.9%，2010 年的 64.1% 和 2018 年的 66.8%。根据联合国世界人口展望的预测，在2035年以前，该数据都将维持在65%以上，为主要经济大国中最高。但是，印度劳动力的平均素质相对较低。虽然印度有着不错的高等教育，但印度的基础教育质量亟须改善。印度初级教育的辍学率长期偏高，加上广受诟病的教师旷课现象，使得印度人口的平均受教育年限明显低于东亚和东南亚国家。以15岁及以上成人识字率作对比，印度的这一指标虽然已经从1991年的48.2%提高到2011年的69.3%和2018年的74.4%，但依然只相当于中国1980年代中期的水平。虽然印度政府制定的《2020年教育愿景》中，规定到2020年将小学的辍学率降低至20%，将初中的辍学率降低至35%，但即使这一目标实现，印度劳动力质量的提高也依然任重道远。

其次是基础设施不足。在电力领域，印度农村地区近50%的家庭用不上电，工业用电成本偏高且断电常态化；在公共供水系统和污水处理设施方面，目前仍有超过8000万的贫困线以下的城镇居民几乎没有获得基本的公共卫生设施，农村地区的普及率更低；同时，港口、公路等设施严重不足，物流成本很高；印度虽然有着规模庞大的铁路系统，但设施落后，难以适应经济发展的需要。虽然印度政府通过各种措施鼓励私人资本和外国资本进入基础设施建设领域，但受制于目前的各种制度障碍，基础设施的供给瓶颈现象并没有得到解决。

再次是科技创新能力的不足。目前印度的科技创新能力在发展中国家里处于较高水平，但具备全球竞争力的产业只局限于航天、信息技术、生物制药等部分领域，印度作为一个国家的整体科技实力仍然处于较低水平。以印度的信息技术产业为例，虽然在21世纪初快速发展，成为印度宏观经济发展的基础，但其商业模式为严重依赖外国市场、属于初级白领的外包业务，并不掌握核心技术，也缺乏强烈的创新动力，这使得其很容易受到外部市场波动和技术进步的冲击。

最后是自然资源约束。虽然印度自然禀赋从总量上来说并不低，云母产量世界第一，煤和重晶石产量居世界第三，此外铁矿石、锰矿石、钛等矿物储量也居世界前列。国土中56%的土地是可耕地，农业资源丰富。但是庞大的人口使印度人均自然资源相对稀缺。比如，印度水资源仅为世界平均水平的1/5，原油对外依存度在2018年高达83%。过高的可耕地比例也意味着其他土地利用方式的缺乏，农业的多元化发展受限。这些因素都将成为制约印度长期发展的障碍。

在未来，莫迪政府还试图在一些关键领域上进行持续改革。随着印度经济改革从产品市场改革进一步扩展到要素市场，随着改革事项从中央主导向需要地方政府配合的领域推进，改革所涉及的利益再分配关系变得越来越复杂，莫迪政府经济改革的难度也将越来越大。下面几项改革是莫迪政府目前所面临的最大挑战。

(1) 推进制造业发展

在印度，推进制造业发展已经成为各界共识，但为了实现制造业发展必须对现有的几项法律进行根本性改革，这些改革困难重重。

莫迪政府的一个响亮口号是"印度制造"。"印度制造"计划的目标是在2022年让制造业占GDP比重从现在的15%提高至25%，同时让印度在7年内创造出1亿个就业机会。事实上，这一口号并不新鲜。曼莫汉·辛格政府时期，印度商业和工业部也曾在2011年11月发布了《国家制造业政策》报告，提出在10年内实现制造业占GDP的比重达到25%，并创造1亿个工作岗位的目标。可见，在印度推进制造业发展已经成为各界的共识。

尽管这样，印度制造业在经济中的占比却不升反降。印度制造业落后的原因，最主要来自其严苛的土地、劳动力等法律制度，这些制度大大提高了印度制造业的成本。如长期以来，印度的《工会法》和《劳资纠纷法》（Industrial Disputes Act, IDA）极大抑制了企业活力，让工业企业再投资难以发展壮大。如在印度的《工会法》下，成立工会门槛很低，而且允许一个企业内部存在多个竞争性工会和外部人员担任工会领袖，这使得工会与政党联系非常紧密，集体协商机制变得非常低效。而在《劳资纠纷法》下，对涉及100人以上工业企业的员工解雇有非常严苛的条件，这就使得资本对于投资大型工业企业心有余悸。由于服务业部门的很多白领工作不受这个法律的影响，所以虽然印度政府希望通过吸引FDI进入制造业，但现实中大量FDI进入了服务业，而不是莫迪政府所期盼的制造业。

(2) **国有企业改革**

国有企业改革是另一个争议较大的领域。虽然莫迪政府宣示了进行私有化改革的决心，但受困于各种阻力，进展较为缓慢。在印度，国有企业私有化的主要难点来自两个方面，一是国企在私有化过程中不可避免地会遇到人员安置问题。在没有完善社会保障制度和能够吸纳这部分员工的其他工作岗位的情况下，这部分受到"下岗"威胁的人员会借强大的工会力量对政府形成政治压力，这从2019年印度要进行国企改制时遇到的罢工阻力可见一斑。二是国企历史上形成的政治包袱。印度的国有企业隶属中央或邦级政府，国企背后是层层官僚，不少国企甚至成为很多政客选举获胜的战利品，他们通过向国企安排工作的方式来报答自己的支持者；同时，不少官僚部门工作人员的升迁甚至岗位存废也与国企存亡息息相关；最终，官僚机构和选举政治构成了国企私有化更大的阻力。

因为上述硬骨头改革无法推进，莫迪在2019年大选来临之际，选择了财政刺激政策，包括向国有银行注资解决其资本金问题，并进行大规模基础设施投资。但是，这种短期刺激政策又将恶化印度的财政赤字和经常项目赤字问题，从而放大印度经济面对外部冲击的脆弱性。虽然印度经济目前的情况依然远远优于以前历次危机前的情况，可是一旦外部经济环境发生较大的不利冲击，印度经济仍可能重新陷入类似1991年和2013年的危机之中。在深刻的结构性改革和短期经济刺激政策之间，莫迪政府和其他发展中国家政府一样，正在面临着困难的选择。

六　印度经济改革启示及其问题

　　萌芽于 1980 年代，并在 1991 年后全面推进的印度经济改革，在国际上是可以跟中国的改革开放相媲美的成功经济改革。印度经济从 1990 年代以来一直保持中高速增长，在 1997 年东亚金融危机、2008 年国际金融危机和 2013 年的新兴经济体经济危机中，印度经济尽管也受到了一定的波及，但基本上都能较快恢复。印度也是国际金融危机后对全球经济增长的第三大贡献国。

　　1980 年代以来，印度经济改革走过了漫长的历程：从英迪拉·甘地政府的"增长优先"到拉奥政府的"自由化、市场化、全球化和私有化"全面改革，再到莫迪政府时期的"印度制造"与"数字印度"，印度已逐渐由步履艰难的"巨象"转变为走在对外开放前沿的新兴经济体"雄狮"。在克服国内政治阻力、国际经济波动等诸多挫折后，改革已由最初的局部调整逐渐走向涵盖体制创新、法律框架完善、行政职能优化等多角度的全面深化。对印度经济改革的经验教训进行总结，对其所面临的潜在问题进行分析整理，具有非常重要的意义。

（一）印度经济改革启示

1. 政党政治对改革的影响

印度的政党政治对经济改革的影响非常深远。印度的经济改革始于1980年代初，自那以来，印度经济改革历经不同党派的六届稳定执政政府并延续至今。1980年代以来，印度历经多次国大党与印度人民党的政权更迭，而执政党的变更又影响着经济政策的调整方向。总体上看，历届政府都坚持了自由化和市场化的经济改革方向，但改革步伐与重点有所不同。（见表6-1的总结）

表6-1 1980年以来印度主要执政党更迭状况及其经济改革措施

时间	执政党	总理	特点	主要经济改革措施
1980.1—1989.12	国大党	甘地母子	初步自由化	国内产业改革：放松产业许可证制度 　　　　　　　允许企业自主调整生产 外贸政策：公开一般许可证范围 　　　　　减少政府专营进口份额 　　　　　放松进口限制并鼓励出口

续表

时间	执政党	总理	特点	主要经济改革措施
1991.6—1996.5	国大党	纳拉辛哈·拉奥	全面自由化	国内产业改革："关停并转"，国企部分私有化 　　　　　　取消绝大部分工业产品许可证 　　　　　　取消大部分产品价格管制
				外贸政策：出口导向取代进口替代 　　　　　基本取消进口许可证制度 　　　　　1994年放松汇率管制
				外资政策：提高外资可持股比例及准入行业
1998.3—2004.5	印度人民党	瓦杰帕伊	加速自由化	国内产业改革：减少国家持股，鼓励国有企业上市 　　　　　　优先发展信息产业
				外贸政策：建立经济特区 　　　　　重点扶持七类出口企业 　　　　　以关税保护国内产业
				外资政策：提高外资可持股比例及拓宽准入行业，简化手续
				农业政策：鼓励农业技术创新、扩大农业投资 　　　　　农产品市场自由化
				劳动力市场：尝试进行改革
2004.5—2014.5	联合进步联盟（国大党领导）	曼莫汉·辛格	谨慎自由化	国内产业改革：以公私合营形式建立经济特区 　　　　　　进一步放宽私人企业可进入领域 　　　　　　重视制造业发展
				外贸政策：发挥外贸对就业的促进作用 　　　　　针对农村及落后地区的出口优惠政策
				外资政策：2012年以合资形式开放零售业 　　　　　拓宽准入领域至基础设施及住房领域
2014.5至今	全国民主联盟（印度人民党领导）	纳伦德拉·莫迪	推进自由化	国内产业改革：继续推进国企私有化 　　　　　　建立产业走廊，促进制造业发展
				外贸政策：积极开展全球化的双边、多边经济合作
				外资政策：2018年放宽外商在零售业投资限制 　　　　　进一步放宽基础设施领域的外资限制

资料来源：作者整理。

基本上，在国有企业改革、外贸政策和外资政策上，历届政府都延续了同样的改革方向，包括基本保持了国有企业的私有化进程，外资引入政策总体以提高外资持股比例与拓宽准入领域为主，外贸政策总体开放但各有侧重，但总体上都在不断降低贸易壁垒。而在农业问题、土地和劳动力等要素改革方面，不同政府之间的做法则存在较大差异。如辛格政府更为重视农村和中下收入群体的利益，而瓦杰帕伊政府则更重视城市和企业主的利益等。下面以劳动力市场改革为例，说明政党政治因素对于改革进程的影响。

拉奥政府的国有企业私有化改革引发国企职工下岗，曾招致国企工人的尖锐反对，劳动力市场改革不得不暂时搁置。瓦杰帕伊政府曾计划改革《劳资纠纷法》（IDA，也译为《工业纠纷法》），该法对大型企业的雇佣关系解除有着非常严格的规定，使得企业不能发挥自主调整雇佣规模的能动性，阻碍了制造业的发展与大资本对劳动密集型产业的进入。瓦杰帕伊政府在2001—2002年度预算中计划允许企业自主解雇工人的规模限制由100人提升至1000人并取消对合同工的雇佣限制。但随着选举年的迫近，瓦杰帕伊政府惧于工会与左翼反对派势力，劳动法改革逐渐无人问津。到了辛格政府上台，需要借助国会中左翼政党支持的辛格政府一直都未再有效推进该项改革。2014年印度人民党重新执政，并在人民院中获得多数席位，莫迪政府对《工厂法》与《劳动法法案》进行了修改，一定程度上放松了政府管制。虽然未在中央层面触及《劳资纠纷法》，改革依然遭到工会反对，反对要求包括限制外资对国有企业的渗透及私有化改革等。虽然最深层次的改革还未真正推动，但莫迪政府已经在2015年9月和2019年1月两次遭遇规模空前的大罢工，舆论压力很大。莫迪政府的"印度制造"战略需要更加灵活的劳动力市场，劳动相关法律的改革势在必行，但左翼政党及工会对改革推进的压力也将长期存在。

由此可见，在一些重要领域的改革中，不同党派之间的角力显著影响了政策的稳定与延续性，体现了政党政治对经济改革的影响。

2. 财政与贸易双赤字对经济发展的影响

印度经济至今依然有着典型发展中经济体的两大特征，即突出的财政赤字和经常项目赤字。这两大赤字是印度经济可持续发展的两大隐患。1991年国际收支危机以及其后的几次宏观经济增长减速，都跟这一特征有紧密的联系。

以1991年国际收支危机为例，在危机前，印度经济凭借着政府财政扩张和大规模国际借款而维持着高投资高增长的格局，经济增速首次连续两年超过了

8%。但也正是这种增长方式使得印度经济在面对外部冲击的时候变得格外脆弱。当印度在1990年接连遭遇几个不利因素的共同打击后，很快就陷入了国际收支危机和国内经济衰退。同样的事情也发生在2008年和2013年前后。

对于印度这样劳动力相对充裕的发展中国家来说，资本不足是制约发展的最大约束，因此提高投资率是经济高速增长的前提条件。可以为高投资融资的途径分别是国内储蓄和国外资本流入。印度的政治体制使其动员国内储蓄的能力不足，因此长期以来印度都需要借助国外资本流入，在国际收支上体现为经常项目逆差。

同时，在高速经济发展中，政府财政支出扩大也不可避免。一方面，印度现行的经济增长模式使得增长受惠面较少，增长带来较为严重的收入差距扩大，因此需要政府扩大收入再分配的规模，如增加各种补贴；另一方面，为了实现可持续和包容性增长，印度需要改善其落后的基础设施建设，这也意味着政府支出的扩大。在政府支出扩大的同时，印度的政治制度也约束了政府进行税制改革而提高财政收入的能力，于是就导致了政府出现大规模财政赤字。大规模的财政赤字消耗了国内储蓄，使得印度对外资流入的依赖愈发严重，进一步扩大了贸易赤字。

根据上面的分析可知，印度经济的高增长时期往往也伴随着贸易和财政"双赤字"的扩大，这种状况使印度经济对外部冲击变得更为敏感，一旦出现一种或几种不利于维持这一局面的外部冲击，如油价上升、出口竞争力下降、国际资本流入骤停、侨汇减少、外国政府援助减少等，印度经济的高增长趋势就可能被打破而重新陷入调整期。

虽然财政赤字和贸易赤字对于印度经济的可持续发展有上述不利影响，但也必须看到这一发展策略在现行条件下给印度发展带来的好处，比如政府财政赤字对于维持社会稳定和改善基础设施做出了贡献，而这又是长期稳定增长所必不可少的条件；更多利用外资能减少短时间快速进行国内储蓄动员的痛苦，降低经济转型的社会成本。因此，从中短期来看，只要国际经济环境允许，印度仍将继续维持这一发展模式。

从长期来看，要打破这一困境，必须在财政部门和对外部门中进行更为深刻的改革。我们看到历届印度政府都在推动相关改革，包括提高改善财政汲取能力的税制改革，提高公共部门支出效率的国有企业改革和补贴制度改革，以及为提高印度出口竞争力而建设工业园区和改善基础设施，等等。这些改革有些已经初步取得了成效，有些则依然任重道远。整体来看，印度经济承受外部冲击的能力在不断提高，印度经济虽然近年来也经常遇到外部不利冲击，但其经济增长的波动性已有所下降。

3. 根据本国国情选择合适的发展道路

印度经济改革的另一个重要启示是其在选择自身经济发展战略上的自主性，根据本国国情而选择合适的发展道路。一个典型例子是1991年国际收支危机后印度政府与IMF的互动。印度经济大规模改革始于1991年的国际收支危机，在危机中印度政府也接受了IMF的贷款，并接受了其政策指导，采取了大规模的财政紧缩。到了1994年，印度经济已逐渐好转，虽然IMF依然要求其继续实施财政紧缩，以作为继续贷款的条件，但面对着财政紧缩带来巨大社会压力的印度政府拒绝了这一要求而提前结束了IMF的贷款项目。虽然印度经济发展一直依赖外国资本流入，但印度在经济发展战略的选择上一直保持着高度的自主性，这跟印度在经济外交上的灵活姿势不无关系。

另一个例子是印度在经济优先发展产业的选择上。在1991年改革后，印度选择了服务业，尤其是信息产业作为其优先发展产业，这与已经取得成功的其他大型经济体都不一样。这一选择与印度经济改革的背景和时机不无关系。印度经济改革是在国际收支危机的背景下展开的，这使得政府无法在经济改革初期提供完备基础设施，实际上政府对基础设施的投资在1990年代甚至是有所下降的，这使得印度无法选择大规模工业化的道路。同时，印度法律中对于大规模工业企业的劳动用工有严格限制，这也使得发展工业需要进行大量的立法流程，对于1990年代的各届弱势政府来说也难以做到。最后，考虑到印度的语言和人才特点，加上国际技术发展的趋势，印度选择了以信息产业作为经济发展的突破口，并取得了很大成功，完全改变了世界对印度经济发展潜力的看法。

随着服务业优先发展战略的开展，该增长模式包容性不足的特点凸显，印度也适时转向了促进制造业发展的产业选择道路。这一时期，印度的人均收入已经达到了一定水平，储蓄率也有所上升，能动员更多资源进行基础设施建设；同时国内对经济改革的共识也进一步增强，政府进行艰巨改革的政治资本也有所增加，因此更有条件推动大规模的工业化。

不管是在哪个阶段，印度经济发展道路的选择并没有盲从某一种固定模式，而始终是基于当时约束条件所作出的自主选择。

（二）印度经济改革面临的主要问题

1. 社会不公平问题

在以自由化和全球化为主要特征的经济改革中，

社会不公平问题被进一步放大。在印度经济高速增长的同时，经济内部仍存在大量的贫困人口和巨大的贫富差距，经济发展并未惠及全部人口，反而扩大了收入差距。

经过了 20 多年的经济改革，印度今天的收入结构被总结为三个世界的共存，即最富有的人群如企业主管和高管达到了发达国家的收入水平，规模有限的正规部门就业人群达到了东欧国家的收入水平，而大量的农民和非正规部门就业人群则依然处于非洲国家的收入水平。

（1）全球化对社会不公平的影响

在一般的发展中国家，全球化中的主要受益人群为原来收入水平相对较低的非熟练劳动力，因此在一定阶段内，全球化会带来发展中国家内部收入水平差距的降低。但是，印度是一个例外。在 1991 年开始的改革中，印度经济中发展最快的产业为高端服务业，这导致印度在全球化过程中受益最大的产业是熟练劳动力更为密集的软件外包等行业，因此印度的产业结构使得只有少数接受了高等教育的劳动力充分享受了全球化红利，甚至经常出现"无就业经济增长"，经济增长并没有带来正规部门就业岗位的增加，最终导致印度国内在全球化过程中收入差距不断拉大。

（2）种姓制度对社会不公平的影响

印度的种姓制度一直被广泛认为是导致印度社会不公平程度远超其他国家的重要原因。但是不少学者也认为，印度社会为应对种姓制度而展开的改革并没有削弱其作用，反而在一定程度上恶化了其作用。虽然印度的种姓制度曾经被广泛批评，但客观来说，种姓制度在印度社会历史上曾经起到一种社会分工的协调作用，在封闭小农社会中有其历史作用，有学者认为这是印度在前现代社会中长期保持稳定（即"印度均衡"）的制度基础。在现代社会经济中，随着小农封闭社会的解体，大量人群从农村流入城市后，一方面原始种姓无法识别；另一方面他们要进行新的社会分工。如果种姓制度只是作为一种分工制度，种姓的作用应该是越来越小的，从而最终可以自然消亡。但在印度现行多党制选举中，种姓制度成为一种重要的身份政治，围绕着种姓身份而产生了各种复杂的优惠政策，导致了社会分工的扭曲，妨碍了劳动力市场的流动，反而成为现代社会构建的障碍。

2. 贫困问题

印度政府在改革中面对的一个棘手问题就是如何解决贫困问题。经济的快速发展并没有自动解决贫困问题，从某种意义上说，印度的贫困问题实际上是社会不公平问题的另一个表现。

印度是全世界贫困人口最多的国家。按照印度政府的统计标准，2012年印度共有贫困人口3.02亿人，其中农村贫困人口2.21亿人，农村贫困率高达28.3%。而在城市中，2012年印度仍有约6500万人居住在城市贫民窟中，约占全部城市人口的20%。一方面，印度拥有世界上最多的青年人口，每年需创造1200万个就业机会才能吸收年轻的劳动力；但另一方面，印度30%的青年人口属于"未就业、未受教育、未受培训"的NEET人口，这成为其贫困问题没有解决的根源。

1990年代经济改革以来，印度在一些高端产业大放光芒的同时，印度经济却出现了无就业增长，正规部门的就业在1990年代几乎没有增长，而政府财政改革也削减了对中下层民众的补贴，从而使得贫困人口的生活问题更加严重。在2004年大选中，瓦杰帕伊政府因为受到中下层民众的反对而败选。

这些贫困问题由于社会保障无力实现广覆盖而更加凸显。在社会保障方面，尽管经过了1991年以来不断深化的经济改革，印度的重点社会保障项目仅覆盖了正规组织部门的就业人员，而大部分在非正规部门就业的人员虽然面临着收入低、工作和收入不稳定、频繁失业等问题，但依然没有被基本的社会保障体系覆盖。这些人口大多为文化水平较低的临时工和自雇就业者，无法得到基本的社会保障。以养老金为例，只有不足11%，即3400万劳动者参与了正规的养老金计划，而其余90%的劳动者却没有参与任何养老保险。

如何在经济发展中解决贫困问题，是印度经济改革中面临的主要问题。印度政府在2004年以后加大了对贫困问题的关注。为了改变经济发展中的不平等和不均衡，印度在"十一五"计划（2007—2012年）中提出包容性增长，通过减贫的宏观政策来改善民生、促进社会协调发展，使城乡共享发展成果。2010年年底，曼莫汉·辛格政府推出"拉吉夫城市住房工程"计划，为城市贫困人口和居住在贫民窟的居民提供住房，该计划目标是在2022年建成一个"没有贫民窟的印度"。除此之外，印度政府还推出了旨在为解决广大农村低收入人群住房困难问题的"印度住宅计划"惠民工程。在辛格政府时期，上述计划已经进入正式实施的阶段，而莫迪政府时期也延续了这一政策。在社会保障方面，印度政府也在采取措施不断扩大覆盖面，包括建立全民覆盖的医疗保险体系等。最后，则是通过深化与金融机构的合作，为贫困地区提供金融资源，减轻贫困居民的信贷余额数问题。

3. 政治稳定问题

印度的多党制政治制度被认为是世界上最为复杂的选举制度之一，不仅全国政党数量是全世界最多的，而且地方政党众多，从宗教到民族和语言，各种身份认同政治使政治格局显得非常复杂。当前，仅是在人民院中拥有席位的政党数量就高达40多个，而且各种政党联盟也经常发生改变，这使得一些需要长期推进的改革措施经常被推翻。从1991年进行经济改革以来，议会中经常发生政党变动，经历过多次的短期政府。这一问题在2014年后有所改善。2014年上台的莫迪政府是30年来最为强势的政府，自然也承载了大家对于改革的期待。但是，随着2017年以来几项改革措施的推动不力，印人党政府在很多地方的政治主导地位也受到了挑战。虽然印人党在2019年大选中大获全胜，但也要看到，随着经济改革的深入，改革将直接导致各种利益集团的大规模利益再分配，而随着经济增长速度放慢，使得利益集团之间进行妥协的空间变小，将来进行的经济改革如果发生一些预期之外的负面影响时，仍可能爆发大规模的政治动荡。

4. 外部环境约束

如前文分析所表明，印度经济发展很容易受到外部冲击的影响。比如在贸易上,由于石油和黄金这两类商品加起来占印度进口总额的几乎一半(最近几年这个数字为45%),一旦某一项或两项产品的价格同时发生上涨,对于印度的国际收支将会造成严重冲击。同时,印度还高度依赖国际资本流入来进行投资,一旦发生国际资本流动逆转,对于大量依靠国际资本市场融资来解决国内资金缺口问题的印度来说,也将导致严重问题。

七　结论

同中国持续推进的经济改革类似，印度的经济改革在历届政府的推动下也不断向前。从经济改革的整体推进速度来看，印度要慢于中国。但印度在经历改革后也正逐步进入长期稳定增长的轨道。从经济指标来看，印度已经从一个典型的发展中国家转变为一个起飞经济体。在起飞的过程中，印度一方面遇到了中国在改革开放过程中曾经历的问题；另一方面也面临一些印度特色困难。结合本身的特殊国情，印度也尝试用各种手段来克服困难。本报告试图对印度经济如何在发展过程中权衡利弊、实现持久发展进行分析，并对当前印度政府的经济改革措施进行评判。

通过对印度经济改革历史和经验的总结，以及对印度经济发展现状和未来改革方向的分析，我们可以得到如下几点结论：

1. 印度经济有望进入新的发展阶段

首先,虽然还没有完全摆脱发展中国家的宏观经济特征,但从经济发展水平和内外环境来看,印度的经济发展有望进入新阶段。

印度还没有摆脱很多发展中国家在宏观经济指标上最典型的"三高"表现(高财政赤字率、高通胀率、高贸易赤字并存),但在这三个问题上都表现出了正确的改革方向。比如税制改革有望在长期中增强政府的财政汲取能力,同时对国有企业和各项补贴措施的改革也有望降低财政支出,并把政府支出集中到更为迫切的基础设施项目之中;随着进口替代策略的推进,以及对黄金进口的管制,贸易赤字有望获得结构性改进;而上述改革有助于降低政府通过通胀税来筹集资金的需要,从长期来看也有望降低通胀率。因此,虽然从2018年以来的宏观经济困境来看,印度还没有完全"毕业",但印度经济改革正在朝正确的方向迈进。

在发展水平上,印度的人均GDP在2008年超越1000美元,迈入中等收入国家门槛;2018年,印度人均GDP已经达到2000美元左右;虽然贫困人口依然众多,但中等收入阶层在印度日益壮大,已经超过了2.5亿,成为推动经济进一步改革的重要动力。在主要工业品产量上,印度的粗钢产量在2017年首次突破1亿吨,成为中国和日本后的世界第三大钢产国,并且预计很快就会超越日本。各种预测均表明,到2030年印度的粗钢产量将会超过2亿吨,从而使印度可能成为世界历史上除了中国以外,唯一一个粗钢年产量突破2亿吨的国家。同时,印度在2017年已经成为仅次于中国的世界第二大手机生产国。此外,印度在其他各种主要工业品产量和出口量上均名列世界前茅,印度工业产值在2016年仅次于中美日德四国,位列世界第五。印度政府正在推进雄心勃勃的"印度制造"计划,加上印度具备较强竞争力的服务业,印度产业的整体升级虽然不可能如印度政府所鼓吹的那么快,但依然具备很大的潜力。

2. 经济改革的大方向基本保持不变

印度经济改革的市场化方向,虽历经国大党和印人党的几届政府,但整体的大方向并没有发生改变。尽管不同政治派别在经济改革方向上有一些区别,一些更加强调大型工业和外资,另一些更加强调本土中小企业的利益,但他们都一致同意市场化改革的方向。比如莫迪政府推动的很多改革方案,都是前任政府的政策延续。最重要的例子就是商品和服务税(GST)改革、"印度制造"计划等。虽然改革的速度比东亚国家要慢，但大方向没有改变这一点在发展中国家中已属难得。没有经历频繁的大方向调整，也使得印度经济发展相对平稳。1991年以来，虽然印度经济增长也经历了一些波动，但整体上并没有发生大规模的金融危机和国际收支危机。此外，随着2019年印人党在大选中再次获胜并扩大了在人民院的领先席位，以及印度人民党及其盟友几乎肯定在2020年以后获得联邦院的过半席位，这将意味着莫迪第一任期内的一些在联邦院搁浅的新法案有望在2020年后获得通过。尤其值得关注的是土地和劳动力这两大核心生产要素的相关改革法案，一旦这些法案能通过实施，印度经济改革有望加速。当然，在整体大方向不变的前提下，对于具体改革措施的先后顺序和改革过程中的利益分配等问题，不管是在政党之间还是在学者之间，都存在很多争议，但持续推动改革的社会共识依然强烈，成为印度经济克服困难的最大潜在动力。

3. 如何保持政治稳定和经济发展之间的微妙平衡是最大的难题

虽然改革大方向保持稳定并在未来几年有可能加速，但是政治稳定和经济改革之间的平衡依然是印度各届政府都必须面临的难题。在经济改革进入深水区后，帕累托改进式的改革越来越少，很多改革都涉已有利益的重新分配，于是这些改革很容易就招来了政治阻力而难以推进。政治稳定和经济改革之间的艰难平衡使印度经济改革的速度相对慢于东亚经济体，并影响了印度经济的竞争力。而且，民主选举和经济改革措施之间的复杂联系还往往会使得一些经济改革措施产生意想不到的政治后果，加大了经济改革的不确定性。

印度社会文化的多元化，以及在国家政治层面的联邦制结构，妨碍了很多经济改革政策的推动。印度政治中，地方政治起到主导地位。即使在全国大选中，选举的焦点也往往是地方政治议题；大量邦一级政府现在由地方政党领导，即使是由国大党和印人党执政的邦中，这两个政党也都需要依靠党内的地方实力派。这种政治格局的形成，跟印度社会的多元化和身份政治的流行密不可分。而上述央地关系特征，使得涉及地方利益的改革推动难度很大。

印度多变的政治环境还使得经济改革措施的后果更加难以预测，这也在一定程度上降低了政府推动改革的决心。一些经济政策，与印度复杂多元的社会结构结合后，可能产生意想不到的政治后果。比如在2016年展开的废钞运动，本身的主要目的是打击地下经济，但事实上最后并没有实现目标，绝大部分旧钞还是被兑换成了新钞票，并没有对所谓的黑钱造成严重冲击；而且这一行动还在一段时期内导致了中小企业经营活动的困难和宏观经济表现的下降。按理说，算是一项并不成功的改革。但是这一运动却产生了意想不到的政治后果，因为地方精英阶层需要恳求底层民众替其换钞（每个人都有固定的换钞额度，通过找底层人群排队换钞，黑钱可以被"洗白"），从而使得莫迪政府在底层民众中的支持率意外上升，并使得印度人民党在2017年的几次地方选举中均大获全胜。受到上述鼓舞，莫迪政府信心满满地在2017年进一步推动改革，包括把在联邦层面难以推动的劳动法改革放到印人党执政的几个重要邦进行推动，但这些改革触动了原有利益集团的利益，引起强烈反对，结果导致2018年印人党在这几个邦的地方选举中又意外败北。

如何维持政治稳定和经济改革之间的微妙关系，是对印度政府推进经济改革的最重大考验。

4. 印度工业化战略的可持续性分析

从产业结构的视角来看，可以把印度经济的特征总结为两点，即产业的多元化和产业发展的二元结构。作为一个大国，其经济产业呈多元化，同时也有严重的发展不平衡问题。一方面，印度在一些尖端产业上具有全球竞争力，少数受过高等教育的精英从事着软件服务、生物医药等高生产率行业；但另一方面，印度至今仍有接近50%的人口依靠农业为生，大量人口在非正规部门中从事效率低下的工作。

印度经济发展尤其依赖高端服务业和部分高端制造业的发展，这成为印度经济区别于其他发展中国家的重要特征。但这种发展模式的就业拉动能力并不高，并且会带来严重的收入差距问题。显然，形成以制造业拉动的发展模式更有利于解决上述问题，这也是印度政府近10年来所不断推动的目标。那么，这一目标有可能实现吗？

印度目前所形成的发展模式，并非表示印度政府不重视工业发展。事实上自从独立以来，印度一直努力推进工业化，但是在推进过程中却屡遭挫折。尼赫鲁的"二五"和"三五"计划试图大力促进工业化，但快速工业化过程很快就夭折于1966年的国际收支危机和经济衰退；尼赫鲁的女儿英迪拉·甘地在1970年代采取强制手段提高储蓄率和投资率，但印美关系恶化带来的西方外援减少和印度国内的政治压力迫使其中断尝试，这一阶段的工业化再次以1979年的经济衰退而终结；1980年代，英迪拉·甘地和拉吉夫·甘地母子再次提高投资率来促进工业化，这一次投资率的提高严重依赖财政赤字和外资流入，"双赤字"问题的恶化在1991年酿成了另一场国际收支危机。在上述挫折以后，印度政府都采取了政策调整，降低投资率，尤其是减少公共部门的投资，放松对国内私营资本和外国资本的限制，包括1966—1969年的经济调整，1980年代前期的初步经济改革，以及1991年的大范围经济改革，实际上都体现出上述共同特征，只是其程度有所不同而已。

正是因为1991年改革是在财政赤字和经常项目赤字不可持续的背景下展开的，因此1991年改革后的产业发展方向就变成了对公共投资需求较低的高端服务业和部分高科技产业。这种发展方式带来的结果是制造业占比的下降和制造业的资本密集度上升。印度经济中制造业占比在1990年代中期达到最高后就长期处于下降趋势，近年来虽然保持稳定，但显著低于其他起飞经济体类似发展阶段的水平；同时，印度制造业中的正规就业岗位数量并没有随着产值扩大而上升。上述两者的共同作用都使得经济增长的就业拉动很弱。事实上，1991年改革后的历届政府都依然对发展工业念念不忘。如1996年上台的联合阵线政府所制定的《最低共同纲领》中，也对未来的工业发展进行了非常乐观的预测，按照当时规划，印度将迅速实施劳动力密集型的工业化计划。但在以前，这种期许一直都没有变成现实。

依靠高端服务业和部分技术密集型产业拉动的发展模式在2008年以前让印度经济保持了高增长，但这一产业发展模式带来的收入差距拉大等弊端不断显现，2008年国际金融危机后印度政府再次展开了加速工业化的尝试。从辛格政府2011年发布的《国家制造业政策》及其后开启的制造业鼓励政策，到莫迪上台后高调开启的"印度制造"运动，乃至2019年8月莫迪宣布的大规模基建计划，都体现了印度政府对于工业化战略的再次回归。那么，这次尝试是否会重蹈覆辙呢？

印度目前的工业化发展战略跟以前一样依赖财政扩张和外国资本，因此存在脆弱性。对于后进国家来说，工业化的一个重要前提是提高投资率，尤其是由政府部门提供的基础设施投资更是必不可少。回顾印度经济的发展，虽然印度的储蓄率自独立以来有了大幅提升，但在印度快速工业化过程中，一般都需要依靠外国资本流入来为快速增加的投资项目融资。这样的发展模式使印度的工业化进程很容易受到外部环境的影响，因此显示出其工业化发展战略的脆弱性。2008年以来的这一波加速工业化努力，要求政府加大公共投资，而这些投资的资金来源跟以前类似，依然主要依靠政府支出扩张和外国资本流入，于是就体现为财政赤字和经常项目赤字"双赤字"的不断扩大。跟以前类似，印度的工业化策略容易受到国际资本流动环境的影响，比如在2014年美联储改变货币政策方向，以及2018年以来美国资本加速回流这两次事件中，印度经济发展均受到了严重影响。

但印度的工业化战略相比以前也发生了一定的改变，增强了其适应性。一个重要指标是储蓄率的变化，目前印度的国民储蓄率已经提高到了30%左右，显著高于以前；此外，印度减少了基础工业部门的政府垄断，更加强调私营资本对于公共投资的参与，这有助于提高其基础设施投资的效率；在国际环境上，印度成为主要经济体中经济增速最快的经济体之一，并且被不少国家以为可以"制衡"中国，因此国际环境较之前更加有利。上述因素是印度此轮工业化发展所面临的积极因素，也是我们看到印度目前虽然面临一定经济困难，但整体上没有再发生大规模经济危机的原因所在。

整体来看，印度这一次追求制造业发展的新战略，虽然在很多方面依然没有完全摆脱以前屡次面临的宏观经济困境，但也面临着比以前更为有利的内外部环境，成功概率可能会有所提高。

5. 印度对中国和"一带一路"倡议的态度

印度对于"一带一路"倡议的态度非常矛盾。为了实现其工业化战略，印度需要对基础设施进行大量投资。印度政府的经济调查显示，到2040年以前，印度在公路、铁路和港口等基础设施上的资金缺口达4.5

万亿美元；莫迪政府在2019年胜选后也提出，在未来5年内要向基础设施部门投资100万亿卢比。由于印度国内私营企业的资产负债表紧张以及政府财政赤字不断扩大，印度国内难以为这些投资提供资金，因此必然更多依赖国外资金流入。但出于地缘政治的考虑，印度并不愿意把自己的国家战略与"一带一路"进行对接，还在2014年提出了自己的"季风计划"。因此，一方面印度成为少数公开反对"一带一路"倡议的国家；另一方面却成为"一带一路"倡议主要推动器亚洲基础设施投资银行的最大资金受益国。因此有印度学者指出，印度政府拒绝的只是"一带一路"这个帽子，但从理念、内涵和实际作为来看，印度实际上已经参与了"一带一路"。由于前述原因，在未来相当长一段时间，印度也不大可能接受"一带一路"这个概念，但不会拒绝"一带一路"下的合作内容和利益。

在对待中国的态度上，一方面，中国作为另一个10亿级人口的国家获得经济成功，印度各界在最近几年几乎达成共识，认为应该在经济改革上尽量模仿中国。比如在印度政府的最高智囊——国家转型委员会（由国家计委转型而来）在制定15年发展愿景的时候，就把中国2000—2015年的发展过程作为标杆对比。最近几年，不管是印人党还是国大党，在提到自己未来的经济改革计划时，都不忘记把中国挂在口边。

但另一方面，他们对于与中国的经济合作又心存疑虑。部分印度评论家认为中国崛起对全世界构成了冲击，这种冲击也影响了印度，因此他们希望能够隔离这种影响。比如在2017年和2018年印度经济下滑的时候，不少印度人（如国大党领袖）把矛头指向了中国进口的增加以及由此导致的印度就业损失。但是，他们又不得不面对一个事实，中国投资和中国技术对于印度有着很强的吸引力。比如，在"印度制造"这个口号下，印度的手机产业获得了很大的发展，印度已经成为世界第二大手机生产国，在这个过程中，中国手机厂商成了最大的贡献者；印度在未来工业化道路上所需要发展的产业，目前其技术的最合适来源也正是中国。

总之，在对待中国和"一带一路"倡议的态度上，印度一方面在口头上绝不松口，但另一方面却在事实上进行了深度合作。

附　　录

一　印度政治概况

1. 国家政体形式：议会制联邦共和国

根据印度宪法，印度是主权的、社会主义的、世俗的、民主的共和国（Sovereign Socialist Secular Democratic Republic）。

2. 行政区划

印度行政区划中的一级行政区域包括28个邦、7个联邦属地（包括1个国家首都辖区）。每一个邦都有各自的民选政府，而联邦属地则由联邦政府指派政务官管理。

3. 印度中央政府构成

（1）行政部门

①总统	总统由一个选举团成员选举产生，该选举团由议会两院和州立法议会的民选议员按照比例代表制，通过单一可转让投票方式选举产生

续表

②副总统	副总统由一个选举团成员选举产生，该选举团由议会两院议员按照比例代表制通过单一可转让投票方式选举产生
③部长会议	部长会议的组成包括内阁部长、国务部长（独立任命的或非独立任命的）和副部长。总理领导的部长会议在行使其职能时向总统提供援助和建议

（2）立法机关

①联邦院 （Rajya Sabha）	印度宪法规定，联邦院由250名成员组成，其中12名成员由总统从文学、科学、艺术和社会服务等方面具有特殊知识或实践经验的人员中提名；联邦和联盟的代表不得超过238名
②人民院 （Lok Sabha）	人民院以拥有成人选举权的人为基础，通过直接选举选出的人组成。宪法规定人民院最大可有552席，其中各邦代表530名成员，20名代表联邦属地，不超过两名由总统提名的英裔印度人成员

（3）司法机关

最高法院	印度拥有统一的三级单一独立司法机构，其中包括由印度首席大法官，24个高等法院和大量初审法院领导的最高法院。最高法院对涉及基本权利和国家与中心之间争议的案件拥有原始管辖权；它对高等法院具有上诉管辖权。它有权宣布法律，打击违反宪法的工会或州法律，以及使其认为违宪的任何政府行为无效

二 印度历任总理

总理	任职时间	党派	联盟党派
贾瓦哈拉尔·尼赫鲁	1947/8/15—1964/5/27	国大党	
古尔扎里·拉尔·南达（代总理）	1964/5/27—1964/6/9	国大党	
拉尔·巴哈杜尔·夏斯特里	1964/6/9—1966/1/11	国大党	

续表

总理	任职时间	党派	联盟党派
古尔扎里·拉尔·南达（代总理）	1966/1/11—1966/1/24	国大党	
英迪拉·甘地	1966/1/24—1977/3/24	国大党	
莫拉尔吉·兰奇霍季·德赛	1977/3/24—1979/7/28	人民党（Janata Party）	
查兰·辛格	1979/7/28—1980/1/24	人民党（Janata Party）	
英迪拉·甘地	1980/1/14—1984/10/31	国大党	
拉吉夫·甘地	1984/10/31—1989/12/2	国大党	
维什瓦纳特·普拉塔普·辛格	1989/12/2—1990/11/10	人民党（Janata Dal）	
钱德拉·谢卡尔	1990/11/10—1991/6/21	人民党（Janata Dal）	
纳拉辛哈·拉奥	1991/6/21—1996/5/16	国大党	
阿塔尔·比哈里·瓦杰帕伊	1996/5/16—1996/6/1	印度人民党（Bharatiya Janata Party）	
德韦·高达	1996/6/1—1997/4/21	人民党（Janata Dal）	联合阵线（United Front）
因德尔·库马尔·古杰拉尔	1997/4/21—1998/3/19	人民党（Janata Dal）	联合阵线（United Front）
阿塔尔·比哈里·瓦杰帕伊	1998/3/19—2004/5/22	印度人民党（Bharatiya Janata Party）	全国民主联盟（NDA）
曼莫汉·辛格	2004/5/22—2014/5/26	国大党	联合进步联盟（UPA）
纳伦德拉·莫迪	2014/5/26至今	印度人民党（Bharatiya Janata Party）	全国民主联盟（NDA）

三 印度主要政党

印度政党制度类型为多党制，政党体系非常复杂。其中，政党又分为全国性政党和地方性政党两类。在大选中，不同政党之间往往组成政党联盟进行竞选。

印度政党基本上可分为两类：一类为全国性政党，其纲领和政策着眼于全国，政治影响也遍及全国；另一类为邦一级政党，其纲领和政策着眼于某一邦，政治影响局限在个别邦。1968年全国选举委员会规定，一个政党有连续5年参加政治活动的资历，并且获得人民院议席的1/20或邦议会议席的1/30，才被承认为全国性政党或邦一级政党。

根据全国选举委员会2017年的认定，印度全国共有1841个政党注册，其中全国性政党7个，邦一级政党49个。

1. 主要全国性政党

印度人民党（BJP），前身为人民同盟，1951年建立。1977年3月参加人民党。1980年4月人民同盟成员在瓦杰帕伊领导下脱离人民党，另立该党。它主要代表印度北部印度教教派势力和城市中小商人的利益，宣称推行民族主义、民主、非教派主义、甘地主义和社会主义等。1980年代末以来发展迅速，在1989年第九次大选中成为第三大党，在1991年6月第十次大选中成为第二大党，并在1998—2004年和2014年以来两次长期执政（1996年曾经有过13天的短暂上台）。2014年和2019年大选中，在莫迪领导下获得了人民院多数席位。

印度国民大会党（INC），简称国大党。1885年12月在孟买成立，领导了印度的独立运动，并在印度独立后长期执政，在这段时期一定程度上成为印度的全民党。2014年大选中惨败后成为在野党。1969—1979年，国大党发生过多次大的分裂，先后出现过以S. 尼贾林加帕为首的国大党（组织派），以英迪拉·甘地为首的国大党（英迪拉派），以K. B. 雷迪为首的国大党（正统派，后改称为社会主义派）。1981年10月，印度选举委员会承认国大党（英迪拉派）为真正的国大党。

印度共产党（CPI），1920年开始建党，1933年正式成立。在1964年分裂，以S. A. 丹吉和C. R. 拉奥为首的一派沿用印共名称；以P. 孙达拉雅和E. M. S. 南布迪里巴德为首的一派成立印度共产党（马克思主义）。印共于1967年3月—1969年10月参加喀拉拉邦联合政府。1970年在国大党支持下再度在喀拉拉邦执政。1971年与国大党联合组成喀拉拉邦政府。1980年

4月,印共再次分裂,支持国大党(I. 甘地派)的一派另建全印共产党。

印度共产党(马克思主义),简称印共(马)[CPI(M)],目前在喀拉拉邦执政。1964年印共分裂后,由南布迪里巴德、孙达拉雅等人建立。1966年称现名。1967年3月同印共等政党组成联合阵线参加选举,在西孟加拉邦和喀拉拉邦获多数席位,在这两个邦组成联合政府。同年11月中央政府因纳萨尔巴里运动而将西孟加拉邦政府解散。1969年2月印共(马)等组成的联合阵线再度在西孟加拉邦执政。1971年成为最大的反对党。1977年以来,多次在西孟加拉邦和喀拉拉邦等地执政。

全印草根大会党(AITC),目前在西孟加拉邦执政。1998年成立,原来是西孟加拉邦的地方性政党,2014年大选后确认为全国性政党。2014年大选中获得34个席位,成为人民院第四大党。

2. 主要地方性政党

泰米尔纳德邦的全印安纳德拉维达进步联盟(AIADMK),泰米尔纳德邦执政党,2014年大选中获得37个席位,成为人民院第三大党。

马哈拉施特拉邦的湿婆军(Shiv Sena, SS),1966年成立,印度教民族主义政党,2014年大选中获得18

个席位,成为人民院第六大党。

安得拉邦的泰卢固之乡党(Telugu Desam Party,TDP),1982年成立,长期在安得拉邦执政。2014年大选中获得16个席位,成为人民院第七大党。

特兰伽纳邦的特兰伽纳民族联合党(Telangana Rashtra Samithi,TRS),2001年成立,特兰伽纳邦执政党,2014年大选中获得11个席位。

其他有影响力的地方性政党还包括旁遮普邦的阿卡利党(SAD)、阿萨姆邦的阿萨姆人民联盟(AGP)、克什米尔的查谟和克什米尔国民大会(J&KNC)等。

参考文献

陈金英：《莫迪执政以来印度的政治经济改革》，《国际观察》2016 年第 2 期。

陈金英：《印度劳动法改革及其争议》，《国际观察》2017 年第 6 期。

华民：《中印经济改革模式的比较：相似的原理和不同的方法》，《复旦学报》（社会科学版）2006 年第 6 期。

黄亚生、马文静：《经济增长中的软硬基础设施比较：中国应不应该向印度学习？》，《世界经济与政治》2005 年第 1 期。

李晓：《"一带一路"战略实施中的"印度困局"——中国企业投资印度的困境与对策》，《国际经济评论》2015 年第 5 期。

刘小雪：《从印度经济增长瓶颈看莫迪改革的方向、挑战及应对》，《南亚研究》2017 年第 4 期。

马加力:《印度对"一带一路"的认知与反应》,《和平与发展》2016年第1期。

毛克疾:《"印度制造"的双重困境——印度工业化的曲折道路》,《文化纵横》2019年第3期。

梅新育:《大象之殇:从印度低烈度内战看新兴市场发展道路之争》,中国发展出版社2015年版。

沈开艳等:《印度经济改革发展二十年:理论、实证与比较》,上海人民出版社2011年版。

孙培钧、华碧云:《印度的经济改革:成就、问题与展望》,《南亚研究》2003年第1期。

孙士海:《印度的崛起:潜力与制约因素》,《当代亚太》1999年第8期。

文富德:《经济全球化与印度经济发展》,《当代亚太》2001年第11期。

文富德:《印度经济发展、改革与前景》,巴蜀书社2003年版。

杨文武等:《印度经济发展模式研究》,时事出版社2013年版。

殷永林:《独立以来的印度经济》,云南大学出版社2001年版。

张家栋:《从印度制造看印度经济前景》,《世界知识》2017年第2期。

张文木:《印度和中国发展道路差异及其后果——从经

济全球化进程中两条道路的斗争说起》,《世界经济与政治》2009年第7期。

Ahluwalia, M. S. , "Economic Reforms in India since 1991: Has Gradualism Worked?", *Journal of Economic Perspectives*, 2002, 16 (3).

Basu, K. , *An economist in the Real World: The Art of Policymaking in India*, MIT Press, 2015.

Bhagwati, J. , & Panagariya, A. , *Why Growth Matters: How Economic Growth in India Reduced Poverty and the Lessons for Other Developing Countries*, Hachette UK, 2013.

Desai, A. R. , *India's Path of Development*, Bomby: Popular Prakashan, 1984.

Kohli, A. , "Politics of Economic Growth in India, 1980 – 2005: Part I: The 1980s", *Economic and Political Weekly*, 2006a.

Kohli, A. , "Politics of Economic Growth in India, 1980 – 2005: Part II: The 1990s and Beyond", *Economic and Political Weekly*, 2006b.

Lal, D. , *The Hindu Equilibrium: India C. 1500 BC – 2000 AD*, Oxford University Press, 2005.

Ministry of Finance, Economic Survey, 1991 – 2017.

Nehru, J. , *The Discovery of India*, New York: John Day

Co, 1946.

Panagariya, A., "Growth and Reforms during 1980s and 1990s", *Economic and Political Weekly*, 2004a.

Panagariya, A., "India in the 1980s and 1990s: A Triumph of Reforms", IMF Working Paper, 2004b, WP 04/43.

Panagariya, A., "Modinomics at Four: Why India is on the Path to Long-Term Prosperity", *Foreign Affairs*, June 22, 2018.

Reserve Bank of Inida, Annual Report of the RBI, 2000 - 2017.

Rodrik, D., & Subramanian, A., "From 'Hindu Growth' to Productivity Surge: The Mystery of the Indian Growth Transition", IMF Staff Papers, 2004b, 52(2).

World Bank, *India: Reducing Poverty, Accelerating Development*, New Delhi: Oxford University Press, 2000.

World Bank, *Unleashing India's Innovation: Towards Sustainable and Inclusive Growth*, New Delhi: Oxford University Press, 2007.

World Trade Organization, "Trade Policy Review: India", WTO Report by the Secretariat, 2015.

冯俊新，毕业于清华大学经济管理学院，经济学博士。现为中国人民大学经济学院副教授，中国人民大学国家发展与战略研究院研究员。目前主要研究领域为世界经济学。多年来，主持国家自然科学基金等多项科研项目，在《美国经济评论》《经济研究》等国内外重要学术刊物上发表学术论文多篇。